JENNY

SCÈNES DE LA VIE OUVRIÈRE

PAR

ADOLPHE PARROT

PARIS

MARPON, LIBRAIRE ÉDITEUR

GALERIE DE L'ODÉON, 4 A 7

1864

JENNY

SCÈNES DE LA VIE OUVRIÈRE

PARIS. — TYP. DE CH. MEYRUEIS ET COMP.
Rue des Grès, 11.

JENNY

SCÈNES DE LA VIE OUVRIÈRE

PAR

ADOLPHE PARROT

PARIS

MARPON, LIBRAIRE ÉDITEUR

GALERIE DE L'ODÉON, 5 A 7

—

1864

A M. LE DOCTEUR NÉLATON

Hommage de respectueux dévouement et de profonde reconnaissance

A. P.

Il y a vingt-deux ans, lors de la misérable tentative de
Quénisset, tous les organes de la publicité n'eurent qu'un
seul mot de ralliement : OCCUPONS-NOUS DU PEUPLE...,
IL EN EST TEMPS !

Pendant un grand mois, tribune politique, chaires religieuses, journaux de toute nuance, retentirent de vœux
sonores et très sympathiques à l'adresse des travailleurs...
Ce ne fut qu'un feu de paille... Après ces bruyantes démonstrations d'un fiévreux engouement, tout rentra dans le
silence.

Les luttes du travail dont le gain devenait de plus en plus
aléatoire et disputé reprirent leur cours habituel.

C'est un de ces tristes épisodes que nous reproduisons

aujourd'hui ; non pour jeter inutilement la pierre à un pouvoir tombé sous la « *révolution du mépris,* » mais parce que nous y voyons un enseignement du passé en même temps qu'une question importante dans le présent, et au fond le problème dont la solution intéresse le plus l'avenir.

Avec le puissant levier du suffrage universel, l'amélioration morale, matérielle et intellectuelle des masses ne peut être une lettre morte, ce serait un non-sens que rien n'expliquerait.

Entre une foule de faits à l'appui, nous nous bornons à rappeler de récentes épreuves que nous-même nous avons eues à traverser ; car c'est dans une cellule de Mazas que nous avons achevé notre livre, depuis longtemps commencé.

Les deux procès typographiques auxquels nous faisons allusion en ce moment, n'ont pas eu du retentissement seulement parmi les travailleurs, mais le journalisme en a compris toute l'importance et s'en est vivement préoccupé.

Nous remercions de tout cœur les hommes dévoués qui se sont offerts spontanément dans la presse à la défense des intérêts ouvriers.

Ces intérêts sacrés ont même servi de programme aux candidats libéraux de la nouvelle législature ; ils en ont fait un des principes essentiels de leur profession de foi.

Cette cause, ils sauront se rappeler qu'ils se sont engagés à la défendre. Mais il ne suffit pas de trouver de généreux auxiliaires, d'ardents défenseurs de la liberté pour tous ; il faut aussi que le travailleur connaisse son devoir en réclamant avec persévérance ses droits incontestables de voir le prix de son travail en harmonie avec les nécessités du milieu social où il s'exerce.

Se laisser abattre par le découragement en subissant de cruelles épreuves est d'une âme faible et pusillanime ; lutter sans relâche contre l'adversité est la suprême loi de ceux qui veulent s'affirmer.

Dieu merci, nous avons encore de nobles et glorieux exemples à imiter.

Les hommes d'avenir ne se découragent pas facilement ; ils peuvent être frappés par des arrêts inexorables ; ils n'en répètent pas moins ce cri de la conscience d'un grand homme : *E pur si muove !*

A. P.

JENNY

I

Il n'y a pas de plus ineffable bonheur pour l'ouvrier, après une journée laborieusement remplie, que sa rentrée dans son humble demeure. Sa compagne, attentive et émue, entendant les premiers pas de son mari, se hâte pour le repas du soir, s'il n'est déjà prêt. Oh! comme une journée d'absence s'efface vite dans un doux baiser...

C'est ainsi que les choses se passent chez l'ami avec lequel nous allons faire connaissance. Pénétrons, si vous le voulez bien, dans son intérieur, au moment de son retour de chaque soir auprès des siens.

Depuis longtemps la table est préparée : ce n'est ni le luxe prétentieux du bourgeois, ni la maigre

pitance du pauvre désolé; mais le confort du travailleur jouissant d'une position exceptionnelle.
Le linge est blanc, les couverts, héritage de famille,
sont au premier rang; la vaisselle est brillante,
les verres ont l'éclat du cristal.

Bien heureux l'ouvrier qui, comme Georges, possède une jeune et belle fille de quinze ans, non
moins alerte que sa mère. Après le travail, le repos
de famille : quelle autre félicité peut-on envier?
n'est-ce pas le véritable paradis?...

C'était celui de Georges Garnier.

La vie lui souriait sous toutes ses faces; praticien sculpteur émérite, il était apprécié des hautes
notabilités artistiques : les David d'Angers, les
Rude, les Maindron, recherchaient à l'envi cette
main habile et expérimentée. Aussi, à ce contact
avec tout ce qu'il y avait de plus grand par le savoir
et l'honorabilité du caractère, Georges avait acquis
une telle élévation de sentiments qu'il se trouvait
l'un des plus considérés de ses frères de travail.
Modeste et laborieux, il était aimé de ses égaux
autant qu'estimé dans les hautes régions des arts.

Il avait trente-six ans; sur son mâle visage
n'apparaissait aucune ride, ni la trace d'un souci.
Ses yeux bleus, miroir de son cœur, avaient quelque
chose de doux et de bienveillant; son front était
large; sa chevelure, un peu longue et soyeuse, formait le cadre élégant d'une figure pensive, mais
qui s'épanouissait vite aux purs rayons du soleil
intérieur. Sa taille était souple et élancée. Sa mise

et sa démarche, noble mais sans fierté, sans viser à l'excentricité, avaient néanmoins ce cachet artistique qui semble. révéler une certaine supériorité d'intelligence.

Comme le bonheur, lorsqu'il distribue ses dons ne compte jamais avec ses élus, Georges demeurait, depuis les premiers jours de son mariage, dans une petite maisonnette du faubourg Saint-Jacques dont l'apparence était des plus simple au dehors, mais qui recélait cependant à l'intérieur et dans ses dépendances la plus charmante et la plus rare des oasis parisiennes.

Au lieu d'un entassement de pierres et d'habitants, la maisonnette renfermait au plus quatre ménages. En revanche, elle jouissait de vastes enclos à l'air embaumé, bordés de haies de lilas et de clématites, plantés d'arbres séculaires, de noyers, de sureaux, de vigoureux ceps de vigne et d'ombreux sycomores parmi, lesquels une multitude d'oiseaux abritaient leurs nids; puis c'étaient des fruits et des fleurs à l'infini. L'été, la fauvette et le pigeon ramier égayaient par leurs chants et leurs gazouillements amoureux cette délicieuse et paisible demeure; l'hirondelle nichait avec persévérance sur les hauts et vieux murs moussus, dont le lierre grimpant formait une riche et luisante draperie. Là, on pouvait se croire à cent lieues du bruyant Paris.

Georges, sa femme, et leur enfant puisaient dans cette vie calme un bien-être indescriptible.

L'intérieur de ce nid ouvrier était le corollaire
de ce parfait bonheur. Les petits riens dénotaient
le goût distingué de l'ouvrier artiste : trois ou quatre
belles gravures, richement encadrées, ornaient les
murs ; l'une, représentait l'immortel chansonnier
souriant aux fleurs et aux oiseaux : au bas de cette
gravure de main de maître, se lisait une phrase
ainsi crayonnée : « *A mon brave ami Georges, son
tout dévoué* MONNIN ; » puis, une grande et belle
reproduction du tableau de Glaize, *Un pilori*, où
tous les grands persécutés trônent le carcan au
cou et l'auréole au front ; enfin, quelques figurines
de patriotes éprouvés ; des livres soigneusement
reliés, et placés avec symétrie sur les rayons d'une
bibliothèque ; des meubles élégants et simples tout
à la fois ; sur une cheminée, un de ces vieux types
de pendules du temps où les Vestales se cotaient
à un haut prix. — Les chefs-d'œuvre des anciens
bronziers ont fait place aux bergerades, la mode a
suivi les errements de l'époque : le zinc jauni a
remplacé le cuivre doré ! Quant aux Vestales, elles
sont aujourd'hui en chair et en os, ayant passé, de
métamorphose en métamorphose, à l'état de filles
de marbre.

L'ouvrier sculpteur, en se mettant à table, contem-
plait avec cette douceur de père aimant sa belle et
vigoureuse jeune fille qui touchait à l'aube de sa
seizième année. Au moment où l'heureuse famille

terminait son repas, un bruit inaccoutumé se fit entendre, puis des pas précipités; on frappa à la porte
de la chambre, et ces cris déchirants retentirent :

— Au secours! au secours! disait une voix enfantine et effrayée; mon Dieu! mon Dieu! petite
mère est morte!... Au secours! au secours!

Georges ouvrit avec vivacité, monta rapidement
quelques marches, et vit sur le palier une toute
petite fille qui paraissait à peine âgée de six ans.

L'enfant sanglotait.

— Ah! Monsieur, dit-elle en apercevant Georges,
petite mère se meurt!... Venez! venez! ayez pitié
de nous!

L'ouvrier, conduit par l'enfant, vit une jeune
femme étendue, sans mouvement, au pied de son
lit; son visage était pâle, ses lèvres violacées; une
de ses mains se crispait sur le côté du cœur, et
tenait une lettre.

Georges appela sa femme, en lui recommandant
de monter du vinaigre; puis, soulevant le corps
inanimé de cette voisine qu'il entrevoyait pour la
première fois, il le déposa avec précaution sur le lit.

Madame Garnier s'empressa de desserrer les vêtements de cette femme dont l'évanouissement se
prolongeait malgré les soins les plus empressés.

La petite fille sanglotait toujours...

Un mouvement brusque annonça enfin que la
vie reprenait son cours.

— Oh! j'étouffe!... de l'air! de l'air! furent les
premiers mots de la malade; ses yeux s'entr'ou-

vrirent lorsque la fenêtre laissa pénétrer dans la pièce les émanations printanières.

—Ah! je croyais mourir... combien je vous remercie, Monsieur et Madame, du secours que vous venez de m'apporter... Je me sens mieux maintenant... Je rentrais tranquillement, ma journée finie, lorsque tout à coup je me sentis fléchir... je tombai... je ne me souviens plus !...

Georges regardait attentivement cette jeune femme dont la pâleur livide subsistait encore, mais dont les yeux noirs et vifs reprenaient tout leur éclat.

— Voulez-vous, Madame, que j'aille chercher un médecin? lui demanda l'ouvrier.

— Merci, Monsieur, j'espère bien que cela ne sera rien; les femmes sont sujettes aux évanouissements... déjà je vais mieux...

S'empressant de réparer ses vêtements en désordre, elle cacha furtivement la lettre qu'elle tenait encore dans sa main.

Madame Garnier s'offrit pour lui continuer ses soins; mais la jeune femme la remercia affectueusement, disant que sa voisine allait bientôt rentrer, et s'empresserait auprès d'elle si son indisposition continuait.

Georges et sa femme se retirèrent; la malade leur pressa la main, et laissa lire dans son regard toute sa reconnaissance.

Au moment où ils rentraient, une femme jeune et svelte montait l'escalier; ils la saluèrent. C'était la deuxième voisine du sculpteur.

Depuis plusieurs années, ces deux femmes de-
meuraient sur le même palier; mais soit hasard ou
isolement calculé, jamais aucun motif de relations
ne s'était présenté. Du reste, à part Madame Garnier et sa fille, les uns et les autres partaient le
matin à leurs travaux pour ne rentrer que le
soir.

Il fallait l'incident fortuit qui venait de se produire, pour lier intimement voisin et voisine; aucune autre circonstance n'avait, jusque-là, comme
nous l'avons vu, amené de rencontre ni provoqué de
causeries entre ces habitants d'une même maison.

Le lendemain de l'événement que nous venons
de mentionner, Georges s'informa de la situation
de sa voisine.

Madame Garnier raconta à son mari qu'un médecin était venu dans la journée, et avait déclaré
que la santé de la malade se trouvait gravement
compromise.

— Je me suis empressée, avec le concours de
son amie, ajouta-t-elle, de venir en aide à la jeune
femme, qui ne savait trouver d'expressions assez
vives pour nous remercier de nos bontés.

Le jour qui suivit était le premier dimanche du
mois; Georges partit, comme d'habitude, pour
se rendre à sa Société de secours mutuels, dont
il était l'un des membres les plus actifs et les plus
honorés; car il ne se contentait pas de son travail manuel, son esprit et son cœur secondaient

puissamment les tentatives faites dans le sens de l'amélioration du sort des masses, but constant de tous ses efforts.

Il voulait être l'un des promoteurs de cet esprit de mutualité qui, dans l'avenir, doit donner une force incalculable aux classes laborieuses.

Abandonnées depuis longtemps aux doctrines meurtrières du chacun pour soi, ces pauvres déshérités tombaient dans le marasme de la vie égoïste; la politique bourgeoise de cette époque, — on était en 184., — y trouvait son compte, et le peuple son affaiblissement.

Heureusement, depuis quelque temps, des intelligences d'élite reprenaient courage; des hommes convaincus dans l'art, les sciences, quelques-uns au sein même de l'opulence, secondaient puissamment le mouvement de rénovation sociale qui commençait à poindre.

De grandes associations corporatives se formaient à l'envi, et au sein de chaque industrie le sentiment d'un meilleur avenir s'implantait dans les esprits.

On arrivait enfin à la discussion des intérêts sociaux sans appel à la force, c'était un progrès; cependant la lutte était vive : les privilégiés ne pouvaient se résoudre à se laisser arracher leur prépondérance politique. Ils combattaient avec aigreur par leur presse vénale, et surtout par la faconde hautaine de leurs hommes-d'Etat.

Un point noir s'élevait à l'horizon, malgré les

rires insultants des heureux; une demande de
suffrage universel s'était même aventurée au sein
des chambres; les travailleurs réclamaient avec
persistance l'égalité des droits politiques et leurs
conséquences... Répondre à cette idée *anarchique*
par un superbe dédain, c'était là toute la supériorité des pilotes gouvernementaux!

De hardis et persévérants pionniers du travail
s'exerçaient dans de modestes feuilles publiques;
ils cherchaient, par l'idée régénératrice, à enrichir
un terrain précieux; la semence de fraternité pratique fructifiait; et si parfois l'esprit de parti, trop
souvent ombrageux, portait obstacle à l'essor
donné par les initiateurs en fait d'améliorations
pacifiques, on patientait en prouvant qu'on n'avait
pour principe que ce seul thème de progrès : *Le
meilleur des gouvernements est celui qui fait le
bien du peuple.* . . . .

. . . .

Dans cette même journée Georges fut averti, en
rentrant chez lui, que la malade désirait le remercier des premiers soins qui lui avaient été donnés.

L'ouvrier sculpteur, cœur dévoué mais plein de
réserve, hésitait à se présenter chez la jeune malade, lorsque la petite fille frappa à la porte, et de
sa voix la plus caressante dit à Georges : « que
petite mère l'envoyait pour savoir si le Monsieur
était revenu. »

Georges ne pouvait plus refuser; l'enfant, avec

l'insouciance de son âge, s'arrêta, au moment de
partir, en contemplation devant un travail de broderie de la fille du sculpteur.

L'ouvrier monta donc près de la malade; la clef
se trouvait sur la porte, il frappa légèrement;
une douce voix fit entendre, d'un ton plaintif, le
mot : « Entrez! »

La jeune femme était couchée et toujours très
pâle; lorsqu'elle vit l'ouvrier sculpteur, ses grands
yeux noirs semblèrent se voiler de larmes; mais
réprimant aussitôt ce premier mouvement de tristesse, elle s'empressa de remercier Georges de sa
bonne visite.

— Je me souviendrai toujours, Monsieur, dit-
elle, de votre prévenante sollicitude à mon égard;
sans vous il y aurait peut-être à cette heure deux
pauvres petits orphelins! Oh! je ne puis trop vous
redire : Merci!

Georges tendit à la malade une main amicale et
lui dit :

— Espérons, Madame, que cette indisposition
ne se prolongera pas; vous êtes déjà beaucoup
mieux.

— Oh! je le souhaite, Monsieur... Car enfin, je
ne puis mourir!... Mes enfants ont grand besoin
de moi, ce n'est pas leur père qui les soutiendrait.

Un regard de Georges en disait plus que s'il avait
questionné.

— Oui, Monsieur, je suis mariée, pour mon malheur et celui de mes deux enfants!... Cette affreuse

et dernière crise que je viens de subir était causée
par une lettre! Oh! lisez-la, Monsieur, vous êtes
un homme d'honneur, vos bons conseils m'aide-
ront...

Elle tendit la lettre, puis cacha son visage sur
son oreiller en pleurant avec amertume.

Georges entrait avec quelque répugnance dans
cette intimité de voisinage; cependant il voyait tant
de tristesse chez cette pauvre femme qu'il déplia la
lettre et parcourut ce qui suit :

« Poissy, 18 février 184..

« Ma Jenny,

« Je suis libre!... je t'envoie cette lettre à ton
atelier, car je ne sais pas, pour le moment, où se
trouve ton pigeonnier. Par force majeure, je ne
puis rester à Paris et j'ai grand besoin d'argent.
Je t'attendrai samedi soir pour t'embrasser; si tu
veux vendre *notre* mobilier nous partirons ensemble : je dois résider à Besançon, nous y tis-
serons des jours de soie et de félicité!

« Ton ALBERT, pour la vie! »

— Plutôt mourir que d'être condamnée à vivre
avec ce misérable! s'écria avec angoisse la pauvre
malade. J'ai souffert toutes les tortures... Cet
homme a broyé mon cœur, ma vie tout entière!...
Mon fils, ma fille, sont-ils donc forcés de porter un

nom déshonoré ! Il y a des lois, n'est-ce pas, Monsieur? elles doivent protéger une malheureuse femme ! Oh! que ma destinée est triste, mon Dieu ! Suis-je donc condamnée à toujours souffrir !... Ayez pitié de moi, mon Dieu ! Ayez pitié de moi !...

Le cœur de Georges se serrait devant ce réel et navrant tableau de douleur.

Par une surexcitation fébrile cette jeune femme raconta sa vie toute de misère et de larmes. Georges en fut atterré. Il connaissait beaucoup de drames douloureux de la vie ouvrière, mais jamais, à ses yeux, victime n'eut à subir d'aussi cruelles épreuves que l'infortunée Jenny.

Les pages qui vont suivre sont consacrées à la reproduction de ce triste récit.

II

UNE ORPHELINE

Jenny atteignait à peine sa dixième année, que déjà elle préludait à une vie de douleurs. Sa mère tombait dangereusement malade, et, pendant deux ans, cette pauvre femme était destinée à supporter une lente agonie. L'enfant devait suffire seule, au prix de fatigues bien au-dessus de ses forces, aux soins du ménage.

Il est un jour où généralement les parents sont en joie; c'est celui où le premier pas de leur enfant à l'autel est comme leur début dans la vie; ce jour-là, Jenny encore parée du long voile et de la robe blanche, était attendue avec impatience par sa mère, qui avait été l'objet de ses prières les plus ferventes.

A son retour, celle-ci embrassa avec effusion la pauvre enfant, puis s'affaissa sous ce suprême effort, et quelques instants après, sans douleur apparente, sans lugubre tableau de la mort, elle exhala son dernier soupir, en trouvant encore assez de force pour sourire une dernière fois à sa fille désolée.

Pour Jenny la première joie n'avait pas eu le temps de naître que déjà cette joie s'évanouissait dans les larmes!

Par suite de la mauvaise santé de sa femme, Gérard, ancien ouvrier de Paris, s'était transporté avec sa famille sous le ciel pur et vif de la Bourgogne. Intelligent, économe, laborieux, il avait su élever de ses mains un petit établissement de fondeur typographe; mais les deux longues années de maladie de sa femme, l'éducation de ses enfants, fille et garçon, n'avaient pas contribué à lui donner l'aisance. Lorsqu'il se trouva seul, il n'avait pour le seconder que deux enfants, dont l'aînée, Jenny, touchait à sa douzième année. Aussi, malgré son affection sincère et le doux souvenir de sa compagne, il se voyait forcé de se remarier à cinquante ans, dans l'intérêt de son ménage et de ses affaires.

L'orpheline sentit amèrement l'énorme différence qui existe entre le cœur d'une mère et celui d'une belle-mère. Malgré ses efforts, Jenny ne pouvait s'habituer à cette nouvelle situation, qui contrastait si péniblement avec son enfance entourée de tendresse et d'amour. Plus la deuxième femme de Gérard trouvait de résistance dans l'enfant, plus elle montrait d'animosité à son égard. Une ère de persécution commença pour Jenny. Elle résista avec énergie; et dans une lettre éloquente, elle ouvrit son cœur ulcéré aux sœurs de sa mère. Ces dernières tenaient à Paris, aux environs du Palais-Royal, un établissement de boulangerie-pâtisserie d'une certaine renommée.

Des réprimandes et des correspondances acerbes vinrent assaillir le père et la belle-mère de Jenny. Loin d'apporter un soulagement à ses peines, les récriminations des tantes rendirent leur nièce plus malheureuse encore, car elle eut à ajouter la mauvaise humeur de son père à la rancune tracassière d'une femme sans affection maternelle.

Deux années se passèrent dans ces pénibles conditions, lorsque Jenny vint à tomber gravement malade. Il est juste de dire que les soins ne lui firent pas défaut. Le cœur de sa belle-mère, si dur qu'il fût, s'amollit même un instant lorsqu'elle entendit et vit la jeune fille en délire appeler jour et nuit sa mère !

Madame Gérard fut encore plus vivement émue, un jour où le frère de Jenny, à peine âgé de huit ans, étreignant de ses deux petits bras le corps si frêle de sa sœur, souriait et pleurait tout à la fois, en voyant sa belle-mère s'approcher avec hésitation du chevet de la malade.

— Oh ! disait l'enfant à sa sœur, regarde bonne mère, elle pleure avec nous de te voir souffrir !... Elle t'aime bien aussi, ma Jenny chérie !... Sois gentille avec elle... ne gronde plus !... Elle demande à t'embrasser !... N'est-ce pas, mère, que tu veux embrasser Jenny ?....

L'enfant allait du lit de sa sœur à la place où se tenait Madame Gérard, et à force de caresses, d'instances, de tendresse, il parvint à l'amener près de la jeune fille. Jenny vit une larme briller dans les yeux de sa belle-mère.

— Pardonnez-moi, lui dit-elle, si je vous fais de la peine...

— Cruelle enfant! dit aussitôt Madame Gérard, je ne suis point ta mère, mais mon cœur souffre de tes douleurs!...

Comme elles s'embrassaient pour la première fois, le père de Jenny entrait dans la chambre de sa fille, accompagné de deux dames âgées.

Jenny reconnut ses tantes.

III

S'il est un type à part, dans la vie parisienne, c'est sans contredit celui du commerçant. L'illustre Balzac nous a fait assister au déshabillé de ces incomparables individualités industrielles ; ses types sont restés immortels, et nous inclinerions à croire que souvent ils ne sont que des reproductions vivantes et réelles.

Madame Barjoran et Mademoiselle Ferrier, sa sœur, comptaient l'une et l'autre plus de la soixantaine ; la première était veuve depuis dix ans ; Mademoiselle Ferrier, à la mort de M. Barjoran, honnête boulanger de la rue de Richelieu, était devenue l'associée de sa sœur. Elle lui apportait une somme assez ronde, fruit de son vaste et renommé cabinet de lecture du quartier des Écoles ; c'étaient environ trente mille francs qui venaient grossir le capital déjà respectable de Madame veuve Barjoran ; en outre, Mademoiselle Ferrier dotait l'association d'une tête fortement organisée et capable de donner une plus vive impulsion à l'établissement de sa sœur, en fort bonne voie d'ailleurs.

Sous sa direction, la boutique dépouilla bientôt sa modeste apparence, et se transforma, comme par enchantement. Des ferrures élégantes et dorées encadrèrent les pains français, viennois, anglais, etc.; la pâtisserie de croquettes, les petits pains beurrés, au lait ou de fantaisie, s'introduisirent même sur des rayons de marbre blanc, ayant pour rempart une vaste glace faisant appel aux yeux des passants. Sur un comptoir, également en marbre blanc, se trouvaient des balances du plus riche modèle ; un buffet en palissandre faisait face à la porte, et sur ses tablettes guillochées, tourmentées par une main artistique, reposaient des flacons aux couleurs variées, depuis la verte émeraude jusqu'au plus éblouissant cristal de roche.

On était dans toute la primeur de la mode anglaise; aussi, souvent il y avait foule chez les pâtissiers, et l'on voyait les gentlemen et les ladies croquer à belles dents les mille fantaisies que la tentatrice Gourmandise exposait avec tant d'art et de succès.

Lorsque le soleil dardait des rayons un peu trop ardents sur cette appétissante exhibition, un store élégant s'abaissait sur la glace; mais si la réalité se trouvait voilée, on pouvait encore admirer en peinture un temple décoré d'amours jouflus, portant

d'une main des fleurs et de séduisants gâteaux,
tandis qu'ils soutenaient de l'autre une bande-
role étoilée d'argent, avec ces trois mots en lettres
d'or :

BARJORAN

PATISSERIE-BOULANGERIE

Comme ils resplendissaient ces trois mots ! et
combien Mademoiselle Ferrier était fière et heureuse ; elle seule avait tout créé ; pour elle, son
comptoir valait un trône !

Mademoiselle Ferrier, comme nous l'avons dit,
avait plus de la soixantaine ; Madame Barjoran
une année de moins. Cette dernière était petite,
rougeaude ; elle avait l'œil encore vif, le nez re-
troussé, les dents blanches et bien conservées, et
possédait un embonpoint fort respectable ; sa sœur,
au contraire, était sèche et élancée ; elle avait le
teint bistré, deux grands cercles estompaient l'or-
bite d'yeux jadis bleus, aujourd'hui assez ternes ;
son nez formait un redoutable éteignoir, sa bouche
n'était ni grande ni petite, mais ce qui la déformait
outre mesure, c'était une dent jaunie qui, par sa
longueur et sa carrure, faisait plisser la lèvre
inférieure.

Et cependant, il y avait dans la tenue de Mademoiselle Ferrier un je ne sais quoi qui plaisait à voir,
surtout le dimanche et le jeudi, lorsqu'elle descendait à son comptoir, — après deux heures de toilette

étudiée et solitaire ; — en conscience, Mademoiselle Ferrier attirait la vue, avec son bonnet capitonné, enrubané et coquettement posé sur une chevelure aussi blanche que sa farine première, et dont deux rouleaux, à la crême fouettée, ondulaient le long de ses joues ; ces jours-là, il semblait que le teint de la vieille demoiselle était moins blême ; on assurait même, — inventions de mitrons et de servantes, — qu'un peu de carmin n'y était pas étranger. Quoi qu'il en soit, les soixante ans d'âge de Mademoiselle Ferrier diminuaient de près d'un sixième avec la robe de soie, la chaîne d'or, les broderies, les bijoux aux doigts, et si dame Fortune ne pouvait faire miracle, c'est-à-dire rendre Mademoiselle Ferrier jeune et belle, elle la faisait du moins riche et presque avenante : c'était déjà quelque chose.

Les deux vieilles dames s'approchant du lit de la malade, une révolution subite et heureuse s'opéra chez elle. Jenny ne cessait d'embrasser sa tante Barjoran, car, à l'âge près, elle lui rappelait trait pour trait sa mère.

Après une réception de famille un peu froide, conséquence des lettres échangées de part et d'autres, Mademoiselle Ferrier exposa sèchement la cause de son voyage.

S'adressant à Gérard, elle lui dit :

— Nous avons résolu, ma sœur et moi, si vous n'y trouvez empêchement, Monsieur mon frère, d'emmener la petite chez nous; nous y tenons d'autant plus, que si la maladie durait, les médecins célèbres ne manquant pas dans la capitale, tous les soins désirables seraient donnés à la fille de notre chère sœur!

Le vieux Gérard allait répondre négativement, lorsque sa femme s'empressa de lui couper la parole.

—Ah! Mesdames, le départ de Jenny nous causera une grande affliction; mais plutôt que de passer pour une marâtre, j'aime mieux me sacrifier; si l'enfant grandit loin de nous, elle n'oubliera pas sans doute que c'est son bonheur que son père et moi avons toujours souhaité.

— Veux-tu venir à Paris, chère enfant, dit Madame Barjoran tout en pleurs, en embrassant sa nièce avec effusion...

—Oh! tout de suite, ma tante..., tout de suite si vous voulez...

Mademoiselle Ferrier répondit:

— Patience, Mademoiselle, il faut vous reposer huit jours, ainsi que votre tante Barjoran. Quant à moi, je repars ce soir même; notre établissement ne peut rester seul, et nous ne devons pas abuser de la complaisance de M. et de Madame Chardin. J'ai affirmé que je ne serais que deux jours absente, le temps presse...

— Vous partez aujourd'hui! dit le maître fondeur étonné.

— Presqu'à l'instant, Monsieur mon frère, répondit la vieille demoiselle.

— Mais vous resterez bien toute la soirée avec nous pour dîner en famille, hasarda Madame Gérard, que l'aspect glacial de la vieille demoiselle rendait timide.

— Oh ! que nenni !... j'ai toutes mes provisions de bouche : mon pain, une bouteille de bon vin, un peu de volaille froide ; je ne mourrai pas d'inanition, tranquillisez-vous... — Puis, s'adressant à sa sœur : Ainsi donc, petite, lui dit-elle, je te laisse..., repose-toi huit jours en famille ; ramène-nous notre chère nièce... Et permettez-moi, Monsieur mon frère, ainsi que vous, Madame, de prendre congé en vous embrassant de tout mon cœur.

Mademoiselle Ferrier s'approcha du lit de la malade, embrassa Jenny, passa la main sur la joue du petit garçon ébahi, fit une grande révérence au maître fondeur et à sa femme, et sortit avec la même roideur qu'elle n'avait cessé de montrer dès son entrée. Elle reprit la diligence comme s'il se fût agi d'une simple promenade aux environs ; et après avoir parcouru près de deux cents lieues sans se reposer, elle se retrouvait, au bout de trois jours, trônant à son comptoir de la rue de Richelieu.

Décidément Mademoiselle Ferrier était un corps de fer !

IV

EN SERVITUDE

Il y avait déjà près de trois ans que Jenny se trouvait chez ses tantes, et quoique son visage eût conservé sa pâleur mate, son corps avait acquis de la force et du développement.

D'une taille peu élevée, Jenny cependant était une agréable jeune fille de dix-huit ans : ses grands yeux noirs et vifs, ses sourcils bien tracés, ses lèvres agréablement découpées ; en un mot, ce visage, où se reflétait la douceur de l'âme, présentait un ensemble accompli ; et sans l'aspect de simplicité domestique que Mademoiselle Ferrier se complaisait à exiger de sa nièce, tout, dans la personne de Jenny, dénotait l'élégance féminine.

Plus d'une fois, des velléités de jeune fille avaient essayé de se manifester : les cheveux noirs de notre amie ne demandaient qu'à retomber en gerbes plus éblouissantes que l'aile du corbeau ; mais Mademoiselle Ferrier était là, et la luxuriante chevelure disparaissait sous une coiffe sans broderie et d'une étoffe commune.

La nature venait-elle à répandre ses riches trésors sur cette jeune fille, il fallait au plus vite les ensevelir sous une robe froncée et de mode vieillie. Un long et épais fichu bien carré, bien drapé sur le devant du buste, était, selon la pudibonde Mademoiselle Ferrier, impérieusement exigé par les lois de la décence.

A part toutefois l'originalité de cette tante, Jenny pouvait se considérer comme dans une condition heureuse; sa vie active lui donnait force et santé. Son autre tante, Madame Barjoran, l'aimait comme l'eût aimée sa mère, et pour ce cœur délicat les marques d'affection étaient l'aliment nécessaire, la vie!...

Un jour, il y avait grand gala dans l'arrière-boutique : les deux sœurs recevaient à dîner des fournisseurs avec lesquels elles étaient en rapport depuis de longues années, M. et Madame Chardin, riches meuniers des environs de Pontoise, qu'accompagnait un fort beau garçon de vingt-huit ans, le protégé du meunier, et surtout, disaient les mauvaises langues, de la meunière...

Mademoiselle Ferrier, pour cette solennité inaccoutumée, s'était relâchée de sa rigidité vis-à-vis de sa nièce; Jenny, il est vrai, coopérait au service, mais elle était plus gracieusement mise que

de coutume; les trésors de jeunesse et la belle chevelure dont la nature l'avait dotée, éclataient à
tous les yeux.

Ce jour-là, cependant, devait être un jour néfaste
pour la pauvre enfant. M. Chardin s'était mis dans
la tête de marier *son protégé;* une correspondance
active s'était même engagée, à ce sujet, entre lui
et Mademoiselle Ferrier, et le secret le plus absolu
avait été gardé; pendant le repas, le projet du
meunier semblait aller au gré de ses désirs; la
vieille demoiselle était subjuguée à l'idée d'un si
beau neveu!... Mais le hasard fit crouler toutes ces
espérances... Mademoiselle Ferrier proposa un tour
de promenade au Palais-Royal, et les boulangères
sortirent en compagnie du meunier; Madame
Chardin resta au comptoir, soi-disant pour ménager une entrevue; mais une vive altercation eut
lieu entre elle et le prétendu.

Des explications données il résultait que le jeune
homme voulait se sacrifier pour dissiper les doutes
d'un mari soupçonneux; et sans métaphore il avoua
à la belle meunière que sa situation l'inquiétait
outre mesure; une dot, si légère fût-elle, était
d'ailleurs de toute nécessité pour combler un dé-
ficit dans ses finances.

Madame Chardin avait des larmes dans la voix;
mais un beau sourire lui revenait sur les lèvres
dès qu'un chaland interrompait le sérieux et tendre
entretien. Comédie plus fréquente qu'on ne le sup-
pose dans le monde de la boutique!

Pendant ce temps, Jenny vaquait à ses occupations. Par malheur, la meunière éleva la voix; la jeune fille se surprit à écouter...

— Ah! il faut bien en finir, disait le blatier, M. Chardin m'y engage formellement; et puis... s'il soupçonnait!...

— Qu'est-ce à dire?... Je me moque bien des propos et des soupçons!... Je t'aime! cela me suffit... Quoi! une gamine plus morte que vive m'enlèverait celui que j'ai su arracher à la convoitise de tant de sottes et orgueilleuses péronnelles pour qu'il soit à moi, bien à moi... Non! non! cela ne sera pas!...

— Écoutez, ma bonne Madame Chardin, je vous en supplie, laissons ce jeu terrible d'une liaison coupable... Ce n'est, croyez-le bien, ni par peur, ni par lassitude; mais pour votre repos intérieur, pour votre sécurité!... parce que je vous estime... Un bon parti se présente, la petite n'a pas apparence de santé; que me faut-il? un héritier direct afin que la fortune des boulangères me fasse une position sortable... Les temps sont si durs! on dépense plus qu'on ne gagne. Être blatier, en ce moment, c'est vouloir se ruiner en pure perte. Nous avons beau employer tous les moyens, les farines restent à la baisse!...

— Pardine! dit la meunière à qui l'idée de spéculation faisait oublier l'amour, la plupart du temps vous restez dans les cafés qui avoisinent la halle au blé; le billard, les cartes et les déjeuners absorbent vos instants; comment pouvez-vous vous occuper de vos affaires !

— Oh! permettez-moi de vous dire combien vous ignorez nos usages!... mais ma toute belle, c'est là seulement que se font les affaires, et surtout les bonnes affaires. Avec le jeu et les déjeuners les cœurs s'épanchent...; vous ne pouvez vous figurer combien de marchés heureux se réalisent. Qui ne risque rien n'a rien dans ce genre de commerce. C'est avec de l'argent en poche qu'on devient maître de la situation!... J'espérais, dans un temps, donner le mot d'ordre : la hausse! un grand viveur seul le peut! c'est pourquoi j'y suis allé à toute vapeur...

— C'est pour cela que vous êtes en compte de plusieurs milliers de francs avec M. Chardin!

— Cela est vrai! mais c'est aussi pourquoi je tiens, coûte que coûte, à faire un bon mariage... Avec une centaine de mille francs je reprends l'ascendant sur le marché, je monte, je monte, et les meuniers me bénissent...

— Non, mon Paul, pas de mariage... une vie tranquille, heureuse, avec nous, rien de plus!

— Et mes dettes?...

— Taisez-vous! grand enfant..., nous saurons les éteindre. Une année passe vite, il est vrai... un héritier peut donner une belle fortune! mais si *elle* mourait avant..., adieu les chères espérances!...

Jenny restait atterrée devant tant de cynisme. La sensible enfant, en proie à une vive émotion, s'affaissa sur un siége ; puis, au comble de l'agitation à l'ouïe des dernières parole de la meunière, elle monta rapidement à sa chambre, tomba à genoux près de son lit, et joignant les mains, s'écria :

— Mon Dieu ! mon Dieu ! est-ce un rêve ? y a-t-il en ce monde d'aussi viles créatures ?...

Mademoiselle Ferrier et sa sœur, ainsi que le meunier rentraient au même moment.

La vieille demoiselle s'informa de Jenny.

A cette question, Madame Chardin devint rouge et embarrassée ; mais reprenant son assurance, elle insinua que la jeune fille devait être dans sa chambre pour se parer comme toute prétendue.

Mademoiselle Ferrier sourit à cette idée, et s'empressa d'aller voir ce que faisait sa nièce. Son étonnement fut grand lorsqu'elle vit Jenny en proie à la plus vive douleur.

— Qu'as-tu donc, mon enfant ? lui dit-elle.

— Chère tante, dit Jenny éplorée, vous m'aimez, n'est-ce pas ?

— Étrange question ! répondit assez sèchement la vieille demoiselle ; si je ne t'aimais pas, m'occuperais-je avec tant de soin de ton bonheur ?

— Mon bonheur !... oh ! si vous saviez !...

— Quel vertige te prend, fillette ? descends avec moi et tu sauras...

— Jamais ! jamais !... Madame Chardin et cet homme sont infâmes !...

— Quelles sottises me débitez-vous là, Mademoiselle, dit la tante courroucée ?

— Non! non!... je ne puis rien vous dire... et cependant...

— Voyons, Mademoiselle, trêve à vos idées fantasques; vous le savez, j'ai toujours été bonne pour vous, il est temps de parler raison : vous êtes demandée en mariage par le jeune homme qui accompagne M. et Madame Chardin; c'est un avenir qui s'offre à vous...

— Plutôt mourir! s'écria Jenny avec une force qui fit reculer Mademoiselle Ferrier peu habituée à une semblable énergie; prendre pour époux un misérable qui n'a en vue qu'un odieux marché, parce qu'il espère que vous payerez ses dettes; un homme qui ose spéculer sur votre mort pour devenir héritier de votre fortune... et vous dites que vous m'aimez, que vous vous intéressez à mon bonheur!... et c'est là l'indigne que vous destinez à votre pauvre nièce! Oh! je vous le dis et vous l'affirme : jamais! jamais!... Jusqu'ici, j'ai pu supporter, sans plainte, votre rigidité à mon égard, car je me rappellerai toujours avec reconnaissance que, sœur de ma mère, vous la remplaciez pour moi; mais cette reconnaissance ne peut aller jusqu'au sacrifice de ma vie! C'est ma vie tout entière que vous me demandez là!...

— Eh! Mademoiselle... à vous entendre raisonner de la sorte, on vous prendrait pour une héroïne de roman!... Qui vous parle de sacrifice? qui veut faire de vous une victime?... On cherche à vous unir à un beau et honnête garçon; vos affirmations

ridicules sont à mes yeux d'indignes calomnies...
on ne vous traînera pas à l'autel, sans doute; mais
comme il y a un terme, même à la plus grande
bonté d'âme, vous me permettrez bien de vous
faire comprendre votre situation. Votre père, que
je sache, ne peut guère vous doter, vous êtes donc
pauvre; un parti avantageux se présente..., vous
pouviez faire une heureuse maison, votre activité
secondait mes intentions...; une avance de fonds,
de notre part, vous assurait l'avenir : libre à vous
de rester dans l'état de servitude où vous êtes, soyez
maîtresse de votre vie; mais ne vous en prenez
jamais à nous de votre malheur.

Mademoiselle Ferrier sortit avec colère; en revenant près de ses convives, elle prétexta que sa nièce
se trouvait indisposée. Madame Barjoran et la meunière montèrent près de Jenny; en voyant entrer
dans sa chambre Madame Chardin, la jeune fille la
fixa d'une façon si étrange que la meunière baissa
la tête sous ce regard méprisant, et se hâta de rentrer à la boutique. Après quelques mots d'une conversation insignifiante, elle se plaignit d'une violente
migraine, et pria Paul d'aller chercher une voiture.

—Ah! cher Monsieur Chardin, dit avec émotion
Mademoiselle Ferrier, aussitôt que Paul fut sorti,
notre projet ne pourra s'accomplir..., j'ai des craintes
sérieuses sur la santé de ma nièce !

On se quitta avec un air de déception. Seule la
meunière avait peine à dissimuler sa joie sous ses
yeux baissés.

V

DEUX PORTRAITS

Dans la bataille de la vie on rencontre trop souvent de ces types vicieux, de ces cœurs oblitérés qui ne prennent souci ni des douleurs qu'ils causent, ni des hontes qu'ils sèment sur leur passage.

Les excès en ce genre feraient maudire l'humanité, si le jour de la justice ne se levait tôt ou tard, arrachant le masque à ces méprisables et odieuses natures.

Madame Chardin pouvait être rangée dans cette catégorie.

Elle touchait à la quarantaine ; mais une vigueur de ton peu commune, des yeux flamboyants, des cheveux de jais, des lèvres et des dents frémissantes de convoitise, faisaient de sa personne un démon tentateur des plus dangereux.

Il fallait l'aveuglement ou l'indifférence du meunier pour qu'il ne prît pas martel en tête à propos de sa femme.

Les langues médisantes d'Osny, village près de Pontoise, ne se faisaient pas faute d'attribuer une liste amoureuse des mieux assortie à la belle meunière.

On pouvait croire à la calomnie, car un accord constant entre les deux époux avait toujours sauvé les apparences. Certains faits même étaient venus dérouter les mieux renseignés. Plusieurs amants, portés au compte de Madame Chardin, s'étaient trouvés engagés dans de bons mariages ; comment aurait-il pu se faire qu'une maîtresse sacrifiât de gaieté de cœur l'amant qu'on lui prêtait ?

C'était une rouerie adroite de la meunière ; à l'amant d'hier, que le soin de sa réputation obligeait d'éloigner, elle disait bien bas, avec un aimable sourire :

— Notre intérêt commun exige ce sacrifice ; nous ne devons plus nous revoir, encore moins nous aimer…, mais qu'il nous reste au cœur un agréable souvenir, et surtout ne me méprisez pas !…

De ce moment, cette nature immorale devenait oublieuse comme si elle eût bu au fleuve de la Fable. Jamais un mot ne devait rappeler une intimité antérieure, et si un imprudent avait quelque velléité orgueilleuse, — l'homme est toujours si vain d'une conquête même passée, — Madame Chardin se payait d'audace, elle le mettait au défi de prouver une pareille calomnie… La vengeance d'une femme de cette trempe est dangereuse ; aussi aimait-on mieux lui tendre une main amie et finir par oublier.

Jusqu'ici M. Chardin avait vécu dans une complète sécurité vis-à-vis de sa femme qui, au reste, l'enlaçait d'attentions obséquieuses; le dernier *amour* de la meunière avait toutes les apparences d'une bonne et constante amitié.

Paul aidait souvent le meunier dans ses transactions commerciales; son caractère empreint d'un vernis de bonhomie, inspirait de la confiance, et pour le récompenser, M. Chardin avait vu dans le mariage avec la nièce des boulangères une perspective des plus avantageuses pour ce jeune homme que sa vie facile n'avait pu conduire à la fortune.

La meunière avait appris la nouvelle de ce projet comme elle eût reçu un coup de poignard. Pour elle ce n'était plus un amour frivole, une fantaisie de coquette lascive, mais une passion ardente que l'effusion juvénile de Paul surexcitait.

Cependant s'opposer à cette union eût été une faute grave; Madame Chardin encouragea son mari, en lui recommandant d'en garder le secret jusqu'au jour où Paul serait présenté aux boulangères et à la jeune fille. Ce jour arrivé, l'échafaudage croulait par une maladresse apparente, mais calculée, de la meunière. Le regard de Jenny avait été l'expression du mépris; Madame Chardin ne s'y était pas trompée. Mais elle avait atteint son but, sa coupable passion triomphait; que lui importait le reste!

Ainsi que nous l'avons dit, Paul avait vingt-huit

2*

ans; on ne pouvait guère admettre chez lui de place au sentimentalisme : il était tout chair et os, taillé comme un tambour-major, ce qui l'avait fait recevoir d'emblée en cette qualité dans la garde nationale de Pontoise.

Son costume chamarré d'or et sa belle prestance lui aurait, depuis longtemps, amené force conquêtes; mais à dix-huit ans il avait été mordu au cœur par une déception humiliante, qui ne lui avait laissé qu'une médiocre considération pour la plus belle moitié du genre humain. Il fallait toute la supériorité séductrice de la chatoyante meunière pour tenir sous le charme cet Antinoüs de cinq pieds dix pouces.

Malgré sa taille d'hercule, son visage avait une certaine douceur; son œil bleu de ciel annonçait la mollesse de son caractère; son teint était haut en couleur; ses cheveux blonds et crépus; une épaisse moustache rejoignait deux favoris frisottants, et de son menton tombait une impériale cirée et fort pointue. Sa mise bourgeoise ou militaire indiquait chez lui des prétentions à l'élégance.

Aussi Madame Chardin ne pouvait se lasser de l'admirer.

Le beau blatier était attaché à la meunière autant par reconnaissance que par sincère affection. Ce n'était ni un mauvais cœur ni un de ces êtres pervers et calculateurs, qui font de la folie d'une femme métier et marchandise. Souvent il se reprochait sa conduite déloyale envers M. Chardin;

il rejetait ce laisser aller criminel de la meunière et de lui-même sur le compte de l'amour!... Amour illicite, méprisable, mais enfin il croyait être aimé; et si c'étaient les dernières pages d'une histoire passablement honteuse dans sa phase romanesque, Madame Chardin en donnait la conclusion avec tant d'abandon que l'homme le moins porté à se laisser séduire à la lecture du cœur féminin s'y serait trouvé, comme Paul lui-même, involontairement enchaîné.

Ah! c'est qu'il y a dans l'amour d'une femme, fût-il abject ou sublime, un tel enivrement, que malgré vous, un regard, un geste, un mot vous rend esclave, vous transporte à de sublimes hauteurs ou vous précipite dans la fange!...

Il était impossible à Paul de secouer cette torpeur de sa raison.

Madame Chardin, comme le mauvais génie de sa conscience, l'entraînait dans le vertigineux délire des sens.

La douce figure de Jenny eût pu être pourtant comme une lueur d'espérance sur cette pente fatale; l'union rêvée par Mademoiselle Ferrier changeait sûrement la condition et peut-être la destinée de Paul... Une réflexion pour ainsi dire fugitive traversa un instant l'esprit de ce dernier : ne laissait-il pas échapper inconsidérément une occasion précieuse qui le remettrait sur le chemin de l'honneur? et quel avenir lui était réservé?... Comme toujours, sa faiblesse l'emporta.

Le mariage rompu, l'amant de la meunière se
retrouva lié plus fortement que jamais, et se laissa
aller à ces écueils où échoue un homme même honnête, mais aveuglé, engourdi par la mollesse et la
passion, et surtout dépourvu, comme l'était celui-
là, de courage et de résolution.

VI

LA VIE OUVRIÈRE

Un mois après la scène de la boulangerie, le père de Jenny recevait la lettre suivante :

« Père,

« Je ne puis tarder davantage à t'ouvrir mon cœur ; mes tantes, bonnes pour moi, sans aucun doute, voulaient m'unir à un homme que je ne pouvais aimer ; de là est résulté non pas de la persécution pour ta pauvre fille, mais une froideur de ma tante Ferrier qui me fait trop souffrir. Je prends une résolution, j'en appelle à tes sages conseils, je veux avoir un état ; tu as assez d'amis à Paris pour seconder mon projet ; par ta protection, je puis entrer facilement dans une fonderie de la capitale, je me fortifierai au métier que toute jeune j'essayai, du temps de ma bonne et regrettée mère. Alors, libre, sinon heureuse, je devrai mon pain à mon travail quotidien; sois assuré, chère père, que ton enfant restera toujours digne de toi. Embrasse mon frère Frédéric, comme je t'embrasse toi-même de toute mon âme, et présente mes civilités respectueuses à ma belle-mère.

« Ta chère fille,

JENNY. »

Deux jours après, Jenny recevait une lettre du vieux fondeur, lettre dans laquelle il n'épargnait ni conseils ni prudentes exhortations. Faisant entrevoir à sa fille tout ce qu'il y avait à endurer dans la vie ouvrière, Gérard lui parlait à cœur ouvert des soucis et des dangers d'atelier pour une femme; son langage, sans être trop explicite, était assez clairement exprimé; Jenny pouvait embrasser d'un coup d'œil, dans les pathétiques accents paternels, le rude sentier qu'elle avait à parcourir.

« N'écoute pas surtout, disait le vieil ouvrier en terminant, n'écoute pas, chère et pauvre enfant, les paroles frivoles de celles qui sont destinées à devenir tes compagnes; pour beaucoup, la gaieté et la vie facile en apparence ne sont qu'une cruelle déception intérieure. Tu veux entrer dans la vie ouvrière : sache-le bien, toute femme doit y prendre son courage à deux mains pour marcher dans la bonne voie, et lever le front sans honte ; toutes ses heures sont comptées dans un travail ardu et sans répit, Va, chère âme, gagne noblement ton pain de chaque jour ; ton cœur ne peut trouver de force que dans l'honneur ; n'oublie pas que pour récompense de ton courage, tu n'as à compter qu'avec la pauvreté ! »

Le père de Jenny joignait à ces conseils d'ami une lettre de recommandation pour un de ses anciens camarades d'atelier, parvenu à diriger l'une des plus honorables maisons de Paris.

Le jour même, Jenny fit part de sa résolution à sa tante Barjoran.

La bonne vieille boulangère en fut vivement peinée ; mais comme après tout la froideur de sa sœur la rendait triste et souffrante, elle espéra que peut-être la mauvaise humeur de Mademoiselle Ferrier se dissiperait en voyant la détermination de leur nièce.

Au dîner, Madame Barjoran hasarda la nouvelle.

— Qu'elle parte au plus vite, répondit l'implacable vieille fille, qu'elle parte !... pour moi je n'ai nulle envie de m'occuper de cette malheureuse, qui, j'en suis sûre, ne fera rien de bon...

— Voyons, sœur, dit Madame Barjoran, ne soyons pas trop sévères... c'est l'enfant de notre chère Mariette et ta filleule ; nous lui devons aide et protection, quand ce ne serait que pour honorer la mémoire de notre pauvre sœur !

— Est-ce que cette fille n'est pas libre ? dit aigrement Mademoiselle Ferrier... n'a-t-elle pas dix-huit ans?... Qu'elle parte! mais, pour Dieu! que ma tête ne soit plus importunée du souvenir de Mademoiselle Jenny... Depuis un grand mois je ne dors plus... Oh! certainement j'en tomberai malade!...

La conversation en resta là.

Le lendemain, Madame veuve Barjoran accompagna sa nièce dans la maison indiquée par le vieux fondeur.

Mademoiselle Ferrier, qui ne pouvait pardonner à Jenny d'avoir manqué le mariage qu'elle avait rêvé pour elle, avec *un si beau garçon*, — elle y revenait sans cesse, — ne consentit au départ de la pauvre fille qu'à la condition qu'elle serait vêtue comme par le passé, c'est-à-dire à peu près avec les allures de la paysanne qui débute à Paris.

Dès ce moment, Jenny se trouva aux prises avec la vie turbulente de l'atelier.

Les premiers jours, elle servit de point de mire à des railleries fort peu généreuses, mais malheureusement trop fréquentes dans nos ateliers.

Son costume n'était point épargné, tant s'en faut.

L'une, demandait l'adresse de sa couturière; l'autre, disait que la tournure cocasse de la *Bourguignote*, — sobriquet lancé et recueilli aussitôt, — ne pourrait guère se montrer dans un quadrille de la Chartreuse; la lourdeur d'un pied chaussé et ferré à l'auvergnate la rendait de droit figurante de la bourrée et de la musette!

Les quolibets tombaient lourdement et sans pitié sur le cœur de la jeune fille; mais elle pensait à ce que lui avait écrit son père : « de prendre son courage à deux mains ! » et la pauvre enfant, malgré la tristesse qui l'étreignait, écoutait avec une scrupuleuse attention les leçons du métier données par quelques ouvriers à qui la figure pâle et résignée de Jenny inspirait de l'intérêt.

Une grossière plaisanterie d'un loustic de fourneau, sur la manière dont le fichu de Jenny drapait sa poitrine, excita un rire général. Mais une femme indignée par l'insulte d'un homme envers une jeune fille honnête et silencieuse, trouva un langage énergique pour flétrir cette parole et ces rires insultants.

— Misérables ! s'écria-t-elle dans le paroxysme de la colère, quelle idée vous faites-vous donc d'un atelier où se trouvent des femmes ! Est-ce que, par hasard, vos mères, vos sœurs, vos femmes ou vos filles ne se trouvent pas au même niveau que nous ? Supporteriez-vous un mot d'outrage envers elles ? Si cette enfant n'a personne ici pour la faire respecter, pensez donc aux vôtres qui peuvent se trouver dans le même cas... et dites-moi, pour peu que vous ayez au cœur un peu de dignité, si vous ne sentez pas votre sang bouillir de colère à la pensée d'un tel affront !...

Le silence le plus absolu se fit dans l'atelier.

Jenny s'avança près de celle qui avait pris si chaleureusement sa défense, et lui dit :

— Permettez-moi de vous embrasser, Madame, et de vous dire merci !

Deux larmes se mêlèrent : l'une, de reconnaissance ; l'autre, de sympathique émotion.

Depuis ce jour les railleries cessèrent ; depuis ce jour aussi se forma entre ces deux femmes une vraie amitié qui devait se poursuivre jusque sur une tombe !

Pendant quelques semaines, les deux tantes de Jenny la reçurent chez elles ; un soir que Mademoiselle Ferrier était absente, Madame Barjoran dit à sa nièce :

— Tu vois, ma pauvre enfant, combien la tante Ferrier est colère contre toi ; pas un regard, pas un mot depuis plus d'un mois ; pour moi, je veux te prouver que partout où tu seras mon amitié saura te suivre. Prends cet argent, mon enfant, — et la bonne vieille tante glissa dans la main de Jenny un petit rouleau de vingt pièces d'or ; — je t'ai loué une petite chambre près de ton atelier, pendant une année tu seras à l'abri ; tout est payé, meubles et logement ; voici les quittances et les factures, garde tout cela ; et sois sûre, ma bien-aimée, que je ne t'oublierai pas tant que je vivrai...

— O ma seconde mère ! dit Jenny avec une vive émotion, comment pourrais-je être ingrate, en me souvenant de tout ce que vous avez fait pour moi !... Je ne vous cacherai rien, ma bonne tante, jugez vous-même si je pouvais accepter ce mariage.

Jenny raconta à la vieille boulangère les paroles de Paul et de Madame Chardin ; dans ce suprême effort de son cœur, où l'indignation et la pudeur se trouvaient aux prises avec la vérité, la pauvre fille ne put retenir ses larmes...

Au moment de cet aveu, Mademoiselle Ferrier rentrait..., elle passa d'une façon hautaine près de Jenny.

— Chère tante, lui dit la jeune fille dont les yeux étaient encore mouillés de pleurs, je vous demande en grâce de ne pas m'en vouloir si je n'ai pu me prêter à vos bonnes intentions; plus tard vous rendrez justice au sentiment que le devoir m'inspirait... Aujourd'hui je vais vous quitter... ayez pitié de moi, ma bonne tante; qu'un regard de bienveillance tombe enfin sur votre malheureuse nièce qui ne cessera jamais de vous aimer.

— Vous partez, Mademoiselle, dit la vieille fille inexorable, Dieu soit loué! mon tourment cesse, il m'obsède depuis trop longtemps... Sachez que je ne me considère nullement comme votre parente... je ne demande non plus, de votre part, aucune reconnaissance pour le bien que j'ai pu vous faire... Adieu, Mademoiselle..., adieu!

Quinze jours après, Madame veuve Barjoran était trouvée morte dans son lit.

Cette mort subite retombait de tout son poids sur la pauvre Jenny. Mademoiselle Ferrier la maudissait de toute son âme, lui attribuant ce malheur. Aussi se garda-t-elle de la prévenir du funèbre jour. Se hâtant de régler ses affaires commerciales, elle réalisa sa fortune et la plaça en viager pour déshériter celle qu'elle regardait comme ayant apporté la malédiction dans son intérieur.

Quel fut le désespoir de Jenny, lorsqu'un dimanche elle voulut entrevoir ses deux tantes, et qu'elle aperçut des étrangers à leur place. Anxieuse, désolée, elle s'informa... Sa douleur fut poignante en apprenant l'affligeante nouvelle. En retournant à sa demeure, elle était bien près de perdre courage et d'abandonner la lutte contre la fatalité qui la poursuivait sans relâche...

Heureusement pour elle, le travail, par son action bienfaisante, écartait, de temps à autre, le souvenir d'un passé douloureux. Cette activité même lui redonnait le courage. La liberté, — liberté de quelques heures le dimanche, — rassérénait ses esprits éprouvés depuis six ans.

Une petite chambre proprette, une fenêtre sous le ciel, de gais rayons de soleil, donnèrent à cette âme isolée, une lueur d'espérance et de tranquillité. C'était là que s'épanouissaient les plus frais sourires de ses vingt ans. Quant à son atelier, — où les scènes de son début ne s'étaient plus reproduites, — Jenny y était aimée; aujourd'hui il lui tenait lieu de famille.

Il faut dire que l'esprit de direction y était si bienveillant que chacun considérait cet établissement comme son bien propre. En effet, le maître de la fonderie loin d'apporter, dans ses rapports avec ses ouvriers, cette morgue décourageante et ce calcul honteux qui fait la plaie saignante de plus d'une industrie parisienne, cherchait, au contraire, par des moyens pratiques, à obtenir le progrès intellectuel, matériel et moral de son nombreux personnel.

Par son initiative, sans apparat de philanthropie mensongère, il avait provoqué une véritable association de toutes les forces vives du travail. Sur sa proposition, une délégation d'ouvriers avait rédigé un contrat; il y était stipulé qu'une répartition de bénéfices annuels serait acquise à chacun selon la somme de travail produite dans l'année. Ce bénéfice était fixé au minimum de 6 p. 100. Ajoutez à cela la création d'une caisse de secours et de prêt pour faire face aux nombreuses vicissitudes auxquelles est soumise la vie de l'ouvrier.

Entre autres innovations dues à l'initiative des travailleurs, et sanctionnées par le chef de cette maison, nous signalerons une lecture à haute voix, qui se faisait chaque matin et chaque soir, dans le but de prendre connaissance soit des événements qui agitaient le monde politique, soit des aspirations élevées d'hommes distingués, voulant sincèrement l'amélioration de la classe la plus nombreuse, qui, malgré la condition inférieure où elle se trouve placée, fait cependant la force, la richesse et la gloire de la patrie.

Aussi quel silence profond accueillait ces livres nouveaux où s'affirmait la possibilité d'une existence meilleure, due à une organisation sérieuse et féconde. Comme les yeux rayonnaient d'espoir, et quel redoublement d'activité dans le labeur de chaque jour !

On se trouvait au moment suprême où l'étude des questions économiques remuait profondément toutes les âmes.

C'était le livre des misères sociales qu'entr'ouvraient les intelligences supérieures.

Pour beaucoup, malheureusement, ce n'était qu'une tactique de parti ou une lucrative spéculation.

Néanmoins les masses y découvraient cette liberté, — liberté plus précieuse qu'on ne pense aux travailleurs, — d'appréciation et d'analyse qui, si elle ne guérit pas instantanément, empêche le mal de s'étendre, et ouvre la carrière à de légitimes espérances.

Une lutte désastreuse minait sourdement la fonderie parisienne : de vastes établissements s'écroulaient par suite d'un chômage prolongé.

D'où venait ce malaise ? De hardis et impitoyables spéculateurs, peu soucieux de la ruine et de la misère d'autrui, qui, pour grossir leur fortune, n'hésitaient pas à faire travailler dans les prisons, et avec ce redoutable moyen de concurrence, pouvaient sûrement arriver à leur but : faire baisser les prix de main-d'œuvre réduits déjà à leur plus extrême limite.

Seul, l'atelier dont nous parlons se trouvait à

l'abri de la crise industrielle, car il reposait sur une base inébranlable : la solidarité!

Seuls aussi, les ouvriers qui en faisaient partie, élevés dans un esprit de mutualité pratique, abandonnèrent un quart de leurs journées pour subvenir à l'affreuse misère qui montait et menaçait d'engloutir leur industrie.

On ne pourra jamais trop s'appesantir sur la cause première de désaffection des masses populaires envers le gouvernement de Juillet; dans leur aveuglement les *hommes d'État* de cette époque néfaste, après un cri de détressse et d'indignation des travailleurs, croyaient consolider leur pouvoir en employant des mesures rigoureuses et inflexibles.

Les troubles sanglants des mines d'Anzin, les émeutes de l'Ariége, la protestation énergique des ouvriers de Lyon, la grève formidable de 1840 à Paris, loin de leur montrer le péril de la situation, ne faisaient que leur servir de prétexte à des répressions plus sévères.

Les *grands politiques* traitaient d'aveugles et d'ennemis les hommes courageux qui soulevaient un coin du voile. Les empêcher de s'endormir dans une douce quiétude, était un crime révolutionnaire, punissable au premier chef!... Et cependant chaque jour l'abîme se creusait plus profond sous leurs pas.

Au lieu de peser sagement les plaintes et les griefs populaires, au lieu de chercher à concilier

les intérêts des patrons et des ouvriers, les gou-
vernants irrités donnaient à ceux-ci les geôles pour
abri, tandis que les autres, ceux qui se disaient
et se proclamaient orgueilleusement les seuls représentants du pays, — le pays *légal !* — insultant
à la misère du plus grand nombre, répétaient sur
tous les tons le mot d'ordre venu d'en haut :
ENRICHISSEZ-VOUS !...

On sait ce qui arriva.

VII

ESPOIR

O travail! toi qu'au nom de la religion l'on qualifie de châtiment!... toi, que les politiques veulent appliquer comme un frein à la multitude; que les spéculateurs considèrent comme le citron dont il faut extraire tout le jus sauf à le jeter ensuite... ô saint et vénéré travail! sois toujours l'étoile polaire de la vie humaine.

Six jours bien remplis vous font bénir les quelques heures de repos et de liberté du dimanche.

Que ces heures passent rapides dans la modeste demeure d'une jeune fille : le temps de l'embellir de fleurs, de sourire à cette journée qui lui appartient, de donner à son corps la souplesse et la parure, satisfaction si chère au cœur des femmes, et de trouver en son âme quelques notes joyeuses pour marier sa voix argentine à tous les bruissements de la nature; comme l'oiseau décrit, en

jouant, ses orbes à travers l'espace, ne semble-t-elle
pas, elle aussi, dans ses rapides évolutions, battre
de son aile frémissante les murs embellis de sa
chambrette aimée !

N'est-ce pas, ô jeune fille, que tu es heureuse de
ranger et toucher de ci, de là, quelque objet qui te
rappelle un doux ou triste souvenir !... Ne sembles-tu
pas dire : Ne fuyez pas si vite, heures de ma chère
solitude, vous apportez à mon cœur la plus douce
sensation ! Le soleil brille, les fleurs ont un langage
mystérieux ; l'air est imprégné d'une délicieuse
senteur ; la voix des cloches se marie aux murmures
qui s'exhalent de la voûte celeste ! Travailler, dit-on,
c'est prier... la prière de Jenny c'est de parer l'asile
de ses pensées : souvenirs d'enfance, impressions
du présent, rêves de l'avenir !... Les travaux de
l'atelier ne lui laissent que ces quelques heures de
contemplation intime et de bonheur... mais quelles
heures pour un cœur comme celui de Jenny !...

Le Printemps souriait au ciel et sur la terre ; il
envoyait Mai, son messager chéri, répandre dans
les prairies ses trésors de verdure et de fleurs. Sa
voix séductrice ajoutait : « C'est pour vous, cœurs
aimants, c'est pour vous seuls que j'existe ! par-
courez bois, collines et riches vallées ! mon souffle
d'amour vous suivra partout... Glissez légèrement
sur la surface d'un ruisseau limpide, et ma brise
parfumée mêlera son chant à vos chants heureux !
Allons, jeune fille, revêts ta robe virginale, blanche
comme le lis, emblème de ton âme, ou pare-toi d'une

gaze légère, diaprée de mes couleurs préférées...
Viens! viens! ma toute belle! je veux caresser ta
noire chevelure, faire briller tes yeux, palpiter ton
cœur! Viens! viens! par moi, la nature entière te
convie! Les oiseaux du ciel chanteront ta jeunesse
et ta beauté; mes vertes pelouses sèmeront sous tes
pas les corolles argentées de mes pâquerettes; tes
mains cueilleront toutes mes richesses fleuries!
seul je suis le Printemps, seul je suis l'amour!...
Viens, bien-aimée Jenny! »

A cette voix frémissante et inconnue pour la
jeune fille, d'autres voix se joignirent.

— Jenny! Jenny!

Au même instant la porte s'ouvre, et un essaim
de jeunes femmes, Louise en tête, envahit joyeusement sa chambrette.

— Je te l'avais bien dit que nous ferions irruption
chez toi, dit son amie en l'embrassant. Allons, chère
petite, le ciel est beau, toutes les abeilles s'envolent
aujourd'hui..., viens avec nous!...

— Oh! y pensez-vous?... attrister votre fête par
ma présence!... non, non..., allez sans moi...

Un chœur de supplications, de cajoleries enfan-
tines, dont les femmes seules ont le secret, subju-
gua la jeune fille... La toilette se fit vite, des mains
légères et prestes y aidèrent.

Elles partirent.

Ce devait être une bonne journée pour tous, une
fête patronale, la Saint-Jean des typographes,
double fête pour Jenny.

La compagnie était nombreuse, l'atelier entier, pas un n'y manquait...; une véritable et heureuse famille ouvrière : patrons, pères, mères, frères et sœurs. Ah! qu'ils étaient heureux tous ces laborieux artisans; comme ils jouaient, riaient, couraient!... Les mains se cherchaient, les baisers se ravissaient...; les rires gais et bruyants de la jeunesse résonnaient et montaient au ciel. Allez, jeunes hommes et blanches filles, portez à vos lèvres la coupe enivrante du printemps! là, il n'y a ni amertume, ni douleurs, mais un bonheur présent, un doux souvenir pour les années qui viendront.

On était dans l'île Séguin, délicieux petit coin de terre semé sur la Seine pour la plus grande joie des riverains commerçants du Bas-Sèvres et les heureux ébats de bon nombre de Parisiens.

Un jeune ouvrier, du nom d'Albert, était remarqué pour sa bonne humeur et sa franche gaieté; ses reparties vives, ses prévenances amicales pour tous et pour toutes, faisaient de lui l'âme de ces réunions exceptionnelles et charmantes, si propres à délasser des longues heures de travail.

Avec l'aide de plusieurs camarades, Albert s'était mis en tête de rendre au visage aimé de Jenny toute sa sérénité. Il y parvint, et, fier et heureux de son triomphe, lorsque, le soir venu, chacun reprit la route de la grande ville, au lieu de folâtrer et de courir, il rejoignit Louise et Jenny, et les accompagna causant sans emphase, parlant d'avenir.

Albert avait alors vingt-neuf ans : c'était un bon ouvrier, aussi assidu au travail que modéré dans ses plaisirs; mais il n'en avait pas toujours été ainsi : son caractère ne s'était mûri qu'aux dures leçons de l'expérience, après des débuts fort orageux.

Arrivé à Paris à dix-huit ans, Albert usa et abusa de sa liberté; il eut à subir, par sa conduite, de longs jours de chômage, qui exercèrent une influence fâcheuse sur son moral. Il se mit à fréquenter ce milieu fatal qui se retrouve dans chaque industrie, ces *rouleurs* malfamés qui sont la honte des métiers qu'ils disent exercer. Dans ce monde étrange, où toutes les passions se heurtent, l'œuvre du plaisir sans frein se couronne presque toujours par une infamie ou un crime.

Albert descendait avec impétuosité cette pente de dépravation; une secousse violente l'arrêta au bord de l'abîme.

Dans un de ces endroits borgnes, comme il en existait, il y a peu de temps encore, au boulevard du Temple, se trouvait un soir une nombreuse société qu'on pouvait qualifier, à juste titre, d'insouciante pâture des prisons et du bagne. Le jeune ouvrier riait, d'autres rugissaient de plaisir, aux récits sauvages et aux forfanteries de quelques-uns de ces héros de l'oisiveté et du vice.

Tout à coup l'établissement fut envahi par de nombreux agents de police; un cri s'échappa de toutes ces poitrines qui n'étaient plus accessibles qu'à la peur... Femmes, ou pour mieux dire démons, jeunes hommes et vieux routiers, cherchaient une issue pour fuir devant la voix menaçante du chef de police.

— Que pas un ne bouge!... s'écria cette voix.

Et cette meute, pleinement déchaînée il n'y avait qu'un moment, baissa la tête sous l'empire de la crainte et de la honte. En un instant, l'établissement fut débarrassé de ces scories sociales, apanage de bouges, que certains philanthropes semblent croire utiles, — utiles, oui, à la manière des ruisseaux fangeux dont les miasmes sont à la santé ce que ces repaires du vice sont à la morale publique.

Un crime odieux avait été commis à Paris le jour même, et avec tant d'audace et de ruse, que toutes les investigations de la police étaient restées jusque-là infructueuses.

Dans de tels moments, les moyens extrêmes sont toujours employés : pas un seul endroit public où jeunes et vieux usent leur corps et leur âme n'est épargné. Il arrive souvent que cette minutieuse enquête a pour résultat de découvrir bon nombre d'individualités marquées du sceau de l'infamie, et Saint-Lazare et le Dépôt gardent par précaution ces ilotes de la civilisation au dix-neuvième siècle! Bien longtemps nous nous sommes appesanti sur les déplorables conséquences de cette excitation à la débauche, et nous n'avons pu comprendre comment une administration, qui se dit vigilante à sauvegarder les intérêts sociaux, n'a pas encore eu le courage de supprimer ces lieux de dépravation. Serait-ce au nom de la morale, — ce serait une singulière façon de l'entendre, — ou parce que le fisc y trouve une compensation sous le double rapport de secours aux hôpitaux et d'appointements aux *gardiens* de la société, gendarmes et agents de police? Triste budget! La propagation de ces *écoles de mœurs* est donc plus utile que ces grandes réunions, interdites au nom de l'ordre, où la dignité humaine serait préconisée par des hommes de science et de progrès, et surtout par des hommes de cœur. Les politiques suivent toujours les errements de l'astucieux Mazarin : *Cante! cante!* mais paye!... De nos jours, on semble dire au peuple : Danse! danse! oublie le présent et ne t'occupe pas de l'avenir!..... Triste! triste! comme dit Hamlet.

Albert, sous le coup d'une arrestation si brusque, rentra en lui-même, surtout lorsqu'il apprit que deux de ses intimes se trouvaient impliqués dans l'assassinat, suivi de vol, qui avait jeté la stupeur dans la capitale. La mémoire de ses jeunes et paisibles années se réveilla en lui, des larmes furent comme le nouveau baptême de sa conscience. Après un examen attentif de son individualité, le juge d'instruction le mit hors de cause, non sans lui adresser de sévères réprimandes et lui donner de graves conseils sur sa conduite future.

Dès ce jour, la résolution d'Albert fut inébranlable : revenir au travail avec ardeur, telle fut sa loi! Huit ans s'étaient écoulés, et depuis huit ans sa résolution ne s'était pas démentie. L'orage dis-

sipé, un certain bien-être était revenu ; bien-être
relatif cependant, car le fruit de ses journées de
travail s'envolait, il faut le dire, dans des fantaisies de jeune homme: intérieur agréable, livres
nombreux et frivoles, spectacles, telle était sa seule
caisse d'épargne.

Après avoir reconduit à leur demeure les deux
jeunes femmes et leur avoir dit adieu, ses pensées
devinrent sérieuses.

— J'ai vingt-neuf ans, se disait-il à lui-même,
et, j'en conviens, la vie solitaire n'est pas des plus
attrayante... Oh ! que Mademoiselle Jenny est aimable et gentille !... il me semble qu'elle ferait une
bonne petite ménagère ! Je serais bien heureux si
elle agréait mes propositions de mariage... Mais
bah ! je n'ai rien ou presque rien, j'ai gaspillé ma
jeunesse, sans compter, comme un sot et un pro-
digue ! Et pourtant Jenny serait une si douce
femme ! Je sens que je l'aimerais tant !... Voyons,
voyons, que diable ! raisonnons sur notre position :
le champ à ensemencer est encore assez spacieux,
mon cœur n'est pas si mauvais puisque depuis huit
ans j'ai pu rompre avec un odieux passé. Ah ! mais
si j'éprouvais un refus ! si je devenais la risée de
l'atelier !... une déception est si cruelle ! Cependant
il me semble que ce doit être bien doux au cœur
un vrai et bon ménage... lorsque l'on aime de toute
son âme, lorsqu'on est aimé ; quelle charmante vie
ce doit être !... Hélas ! j'en ai goûté du ménage...,

oui ; mais, à vrai dire, ce n'était qu'un trait d'union entre l'insouciance et le plaisir..., ce n'est pas la vie de famille, le cœur s'y dessèche au lieu de s'y fortifier... Tandis qu'avec Mademoiselle Jenny !... Oh ! tout bien considéré nous saurons demain... Si la bonne Louise pouvait me donner un conseil !

Ce monologue s'égrénait dans la tête et sur les lèvres d'Albert pendant qu'il arpentait des rues désertes. Arrivé chez lui, il se coucha ; son idée fixe lui ôta le sommeil...

De son côté, Jenny réfléchissait à sa journée si bien remplie... c'était, pour ainsi dire, son premier jour de bonheur. Les heures passaient, elle était assise près de la fenêtre laissée ouverte ; les étoiles brillaient d'un vif éclat, toutes les figures heureuses de la journée lui apparaissaient à tour de rôle ; celle d'Albert surtout passait et repassait sans cesse devant son esprit involontairement captivé.

— Pourquoi, se disait-elle à elle-même, pourquoi mon cœur s'arrête-t-il à des pensées d'avenir... M. Albert ne pense pas à moi..., rêver ainsi c'est rêver l'impossible... Et cependant il paraissait heureux de ma joie... Oh ! non, non..., éloignons ces idées trompeuses..., elles font mal quand il faut songer à la réalité... Voyons, pauvre Jenny, sois raisonnable ! si ton cœur bat trop fort, pense à tes malheurs passés, la raison te reviendra... Ta destinée n'est-elle pas le travail et l'isolement ?... « Prends ton courage à deux mains ! » comme te l'écrivait ton père... Sûrement je n'irai plus à ces réunions de famille ; en me retrouvant seule, ma tristesse est plus grande... c'est pour la première et la dernière fois !

Deux heures sonnaient dans la nuit... Jenny voulait trouver le repos..., la jeune fille pensait toujours !

VIII

PROJETS

Le lendemain chacun reprenait le cours de sa vie laborieuse; seulement Albert et Jenny n'osaient se regarder.

On peut sourire d'incrédulité en ce qui touche la force attractive des êtres; mais il n'en est pas moins vrai qu'elle existe, lors même qu'on ne saurait la définir...

Pourquoi ce silence, cette crainte des deux jeunes gens? Pensaient-ils que leurs désirs secrets étaient dévoilés?... Si parfois les exigences du travail les rapprochait, une émotion instinctive les gagnait tous deux du même coup, l'électricité de l'amour leur faisait sentir son irrésistible puissance.

Tandis que chacun parlait de la bonne journée de la veille, les lèvres de nos deux amoureux restaient muettes; seulement un regard furtif et réciproque avait fini par s'échanger, et donnait une impulsion plus vive aux battements de leurs cœurs.

Le hasard, — ce miraculeux intermédiaire, — les servit à souhait vers la fin de la journée. Les deux jeunes gens se trouvaient seuls dans l'atelier.

— Oh! Mademoiselle Jenny, dit Albert, je n'oublierai jamais la journée d'hier.

— Vous avez donc été bien heureux, Monsieur Albert? dit la jeune fille d'une voix tremblante...

— En vous voyant sourire, oui, Mademoiselle...

Jenny n'osait répondre.

— Et tenez, Mademoiselle, continua Albert, je ne sais si vous en croirez mes paroles, mais depuis hier je construis dans ma pauvre cervelle tant de châteaux en Espagne que pendant toute la journée qui vient de s'écouler je craignais d'en perdre la raison!... Aussi vous avez pu voir leur *Roger Bontemps*, comme ils m'appellent, ne pas perdre son sérieux une minute, malgré leurs provocations... C'est que...

— En effet, être sérieux n'est pas dans vos habitudes, Monsieur Albert, interrompit la jeune fille; et dans un suprême effort, elle put trouver un sourire.

— Oh! vous plaisantez! Mademoiselle, c'est mal, vraiment!... Quitte à subir de votre part de nouvelles railleries, je vous dirai... C'est-à-dire, non! je n'oserai jamais! tenez, voici ce qui vous prouvera plus que tout ce que je pourrais vous dire... Oh! je vous en supplie, Mademoiselle Jenny, par

pitié, ne refusez pas cette lettre; plaignez-moi!
plaignez-moi, si je ne puis conserver ma raison!

Le jeune ouvrier s'enfuit laissant Jenny seule et
tenant entre ses mains tremblantes la lettre qu'il
venait d'y déposer. Arrivée chez elle, Jenny la regarda longtemps sans oser l'ouvrir.

Elle s'y décida enfin. Cette lettre était ainsi
conçue :

« Mademoiselle,

« Pardonnez-moi la hardiesse de ma démarche;
mais si vous saviez combien j'ai combattu pour ne
pas vous être importun!... Je vous aime dans toute
la sincérité de mon âme, parce que depuis le long
temps que nous travaillons dans le même atelier,
j'ai su apprécier votre bon cœur et votre aimable
caractère. Oui, Mademoiselle Jenny, je vous aime!
et il me serait bien doux de pouvoir vous en faire
le serment devant Dieu et devant la loi; je vous
aime, parce que je sais que votre cœur serait le
paradis d'un honnête homme!

« Votre tout dévoué et affectionné serviteur,

« ALBERT. »

Jenny contempla avec une vive émotion cette
page qui pouvait décider de sa vie; elle songea au
peu de bonheur dont elle avait joui jusqu'à ce jour,
et ces pensées rendaient son âme inquiète en face
d'un avenir incertain. Louise entra au moment où
ces réflexions sérieuses absorbaient toute la pensée
de la jeune fille.

— Tu arrives à propos, ma Louise... Lis cette lettre et conseille-moi, comme toujours; tu seras encore mon ange gardien!

Louise lut la lettre d'Albert.

— Qu'en penses-tu, Louise? dit Jenny.

— C'est une belle et bonne demande en mariage.

— Que faut-il répondre?

— Ah! pour ça, petite, je ne puis te rien dire... Le mariage est une chose si sérieuse, qu'à mon avis il ne doit jamais s'y glisser d'intermédiaire; lorsqu'il tourne à bien, on se trouve content de voir des heureux; mais, dans le cas contraire, on n'a jamais trop de regrets et de remords d'y avoir prêté les mains! Ainsi...

— Voyons, ma bonné Louise, donne-moi quelques conseils; je suis jeune, j'ai besoin de toute ton amitié pour le présent; je sens là, — et Jenny appuyait la main sur son cœur, — oh! oui, chère amie, je sens là que tu m'en donneras des preuves certaines en cette grave circonstance.

— Mais, chère enfant, que puis-je te dire? Albert, cela est connu de tous, est *à présent* un excellent travailleur..., il y a bien eu quelque chose à redire dans un temps sur sa conduite. Les hommes disent qu'il faut que jeunesse se passe; mais ce qu'il y a d'original dans leur interprétation de cette maxime, c'est que pour eux, quelle que soit la manière dont ils l'appliquent, nulle conséquence fâcheuse ne saurait s'ensuivre, tandis que lorsqu'il s'agit de la femme, une jeunesse fougueuse de-

vient un déshonneur qu'elle ne peut jamais effacer...
C'est singulier, mais les conditions de la vie sont
ainsi faites... Albert, dit t'aimer; s'il est franc et
loyal, comme je le crois, il ne reste plus qu'à savoir
si tu l'aimeras aussi... L'aimes-tu?

A cette question nette et précise la jeune fille
dut se recueillir un instant.

— Ecoute, ma Louise, je ne dirai pas non si l'a-
mour consiste dans un sentiment d'affection sincère; M. Albert est un bon garçon..., je crois que
je saurais l'aimer. J'ai bien des fois rêvé de ménage,
cette existence à deux où les soins sont réciproques,
où les fatigues de la journée de travail sont com-
pensées le soir par un mot d'amitié... Mais j'ai
aussi des craintes; si je m'enchaînais pour la vie à
un malheureux sort; si au lieu de trouver le véritable amour et la vie de famille, je ne trouvais
qu'angoisses nouvelles...

— Qui peut le savoir?... dit la jeune femme.

— Oh! chère Louise..., parle-moi à cœur ouvert. Depuis mon entrée dans notre atelier je t'ai
vue presque toujours sérieuse..., mais pour moi ton
amitié a été vive..., je ne puis l'oublier... Aussi
jamais une question importune n'est venue de ma
part... J'ai souvent remarqué que lorsqu'on parlait
mariage, ton visage devenait triste...; l'expérience
des uns est pour les autres un enseignement; en
ce moment, dis-moi...

— Chère enfant, dit tristement Louise en l'in-
terrompant, que pourrais-je t'apprendre?... Notre

situation n'est pas la même... Tu as à peine vingt ans!... j'ai presque le double de ton âge!... J'ai vécu de la vie d'atelier que tu n'étais pas encore au monde... Un jour j'ai eu un rêve... Peut-on l'appeler d'amour et de bonheur?... Non, car il s'est effacé devant la réalité... Celui que j'aimais était riche, trop riche pour devenir mon mari..., et moi trop fière pour être sa maîtresse. J'abandonnai mon état... Une protectrice m'emmena comme femme de charge; je fis de nombreux voyages... Rien ne pouvait me distraire, ni me consoler. Je vis un monde qu'on dit supérieur; en vérité, on ne connaît pas toutes ses misères; il y en a parfois de bien pénibles, d'autres fois de honteuses... Ah! crois-moi, Jenny, la richesse n'est pas toujours enviable comme sécurité du cœur... Mais laissons là les souvenirs, dit Louise en essuyant ses yeux où perlait une larme; parlons de ton avenir et non de mon passé... Parlons d'Albert; veux-tu que demain je lui fasse connaître ta résolution?... Ou parle toi-même, cela sera mieux...

— Oserai-je jamais?...

Le lendemain, l'anxiété avait disparu du cœur des deux jeunes gens; quelques semaines après, le mariage s'accomplissait.

IX

LUNE DE MIEL

A midi, Jenny et son époux se dirigeaient vers Saint-Germain des Prés pour recevoir la bénédiction nuptiale. Un incident de triste augure se produisit à leur arrivée; un de ces convois d'apparence grandiose, mais dont la pompe n'empêche pas qu'au fond du cercueil gise un cadavre livide, s'avançait également du côté de l'église et en obstruait les abords de façon à intercepter le passage des jeunes mariés et de leurs amis.

La prière des morts, ce lugubre *De Profundis* qui émeut les plus endurcis, résonnait sous les voûtes de la vieille église. Tout le clergé de la paroisse était sur pied, non pour recevoir un pauvre couple qui venait demander à Dieu de le bénir, mais pour honorer les dépouilles mortelles du très haut, très puissant et très honoré baron de Kermadeck, commandeur de tous les ordres connus, protecteur des lettres et des arts, l'auteur de divers ballets d'opéra, dont la mise en scène était réputée de premier ordre, et par-dessus tout le héros d'une multitude d'intrigues qu'un mari outragé venait d'envoyer dans l'autre monde sans autre forme de procès.

Nos jeunes gens durent attendre.

Jenny, toujours impressionnable et subissant le préjugé populaire, éprouvait une douloureuse anxiété; enfin le cortége funèbre se mit en marche, et remplit la grande nef, permettant aux futurs de poursuivre leur route vers la sacristie.

Il ne s'y trouvait ni prêtre, ni suisse, ni bedeau; une vieille fille affairée répondit à peine, tant elle était absorbée par les apprêts que réclamait l'office de M. le baron. La musique retentit dans toute sa majesté; les voix des artistes les plus renommés des théâtres de Paris interprétaient les symphonies de l'immortel Mozart!

Le pauvre couple attendait toujours...

Un prêtre vint enfin, et, d'un air maussade, dressa les actes, puis s'habilla pour dire la messe; il fut suivi des mariés dans un des coins obscurs de l'église.

Pendant ce temps, l'office mortuaire et musical poursuivait son cours.

La cérémonie nuptiale achevée, on rentra dans la sacristie en même temps qu'une jeune et pimpante sage-femme, à l'air souriant et tenant un enfant dans ses bras... Un homme, qui avait des pleurs dans les yeux, et deux enfants d'environ douze ans la suivaient. S'avançant prestement vers l'abbé, la jeune femme lui dit en minaudant :

— Oh! Monsieur l'abbé, soyez donc assez aimable pour m'expédier; la mère de cet enfant est bien mal, et je crains que le pauvre petit être ne soit bientôt un chérubin du Paradis!

L'homme tomba sur un siége, ne pouvant contenir ses larmes; les deux enfants pleurèrent à leur tour en s'écriant : « Ah! ma pauvre maman! »

Jenny, à ce triste spectacle, ne put maîtriser son émotion, son cœur déborda; tous les conviés sortirent de l'église attristés; et malgré le beau ciel, les prévenances de son époux, de ses amis, les heures qui suivirent furent pour elle comme enveloppées d'un nuage de tristesse.

Un moment, Jenny et Albert se trouvèrent seuls au fond d'un jardin. Enlaçant de ses deux bras la taille de sa femme, il confondit son regard aimant dans celui de Jenny.

— Oh! mon amie, lui dit-il, chasse de ta vue le sombre tableau de ce matin... ne pense qu'à ton mari qui t'aime, qui veut te prouver tout ce que son cœur renferme de trésors d'amour pour une âme comme la tienne!... Oui, j'en ai fait le serment devant Dieu, ma Jenny bien-aimée... par le travail, les douces joies d'une union sincère, tu

verras si la fatalité pourra jamais assombrir ton
existence... Je serai là, je saurai la vaincre... Je te
le jure, Jenny, je te rendrai bien heureuse!...
Aime-moi comme je t'aime, mon ange adoré!...

— Oui, je vous crois, cher Albert, mais puis-je
me défendre de pénibles impressions, lorsque je
n'ai devant les yeux que des scènes de malheur?...
Faut-il qu'abandonnée jusqu'à ce jour, au moment
où mon cœur se dilate à l'idée d'un amour par-
agé, l'image de la mort et du désespoir se dresse
devant moi pour me rappeler mes douleurs passées... Mon pauvre père, mon frère, tous deux
absents!... rien de ma famille pour me dire :
espoir!... rien! rien!...

— Mais je veux être tout pour toi, ma chérie;
ah! vivons heureux..., ne pensons qu'à notre
amour... et, le travail aidant, nous verrons ce père
chéri, ce bon frère... Tous deux, chère âme, nous
irons nous faire bénir sur la tombe de ta mère bien
aimée : son ombre nous protégera, nous portera
bonheur!...

A cette attention délicate, Jenny posa ses lèvres
sur le front de son mari.

— Merci, mon ami, lui dit-elle émue et recon-
naissante, merci, mon bien cher époux!...

— Oh! ma Jenny..., dit Albert en étreignant sa
femme contre son cœur; puis un baiser tomba
sur le front de la jeune épouse, qu'il rasséréna;
une larme s'échappa de ses yeux, baume ineffable, semblable à la rosée du ciel qui descend sur

la fleur courbée par l'orage, pour lui rendre la fraîcheur, la souplesse et la vie!...

Les cris de *les mariés s'embrassent!* furent un *tolle* général; les rires, les gais propos de tous les convives accueillirent les deux époux heureux et décontenancés.

La journée se termina bonne et joyeuse. Le maître fondeur, servant de père à Jenny, présidait l'assemblée; la joie la plus franche, les manifestations de la plus vive cordialité, ne cessèrent d'y régner, et lorsqu'on se sépara, ce fut en exprimant les vœux les plus sincères et les plus chaleureux pour le bonheur des deux époux.

.   .   .   .

.   .   .   .

Deux ans s'étaient écoulés; l'automne, dans une de ses chaudes soirées, achevait de dorer et de mûrir les fruits savoureux... Deux jeunes gens assis dans un jardin tenu coquettement, regardaient avec amour un gros garçon de plusieurs mois, se trémoussant sur une herbe verdoyante, couche molle et fleurie, préparée tout exprès par l'amour paternel à ce cher trésor. C'étaient Albert et Jenny, en admiration devant leur enfant; ils étaient heureux ces nobles cœurs, le travail abondait et faisait prospérer le jeune ménage. Albert était devenu le contre-maître de la fonderie, et Jenny, pour ne pas se séparer de son fils, travaillait chez elle.

Albert tenait son serment; le bonheur était entré au sein du logis ouvrier.

X

UN HONNÈTE HOMME

En traversant une longue galerie où une vapeur étouffante vous inonde, vous vous trouvez
dans un atelier différant en tout point de celui
dont nous avons déjà parlé... Là on ne voit que
pâles visages, corps débiles, aspirant à pleins pou-
mons les atomes de substances délétères... Sur toutes ces figures d'hommes, de femmes et d'enfants
il n'y a qu'une seule appréhension, la menace de
renvoi toujours suspendue sur leur tête.

Regardez ce petit homme, se démener dans son
bureau, comme une bête fauve dans sa cage; sa
voix impossible à rendre, possède un timbre fêlé
et criard tout à la fois; actif de son naturel, mais
dur, il a les sourcils toujours froncés; sa mâchoire
s'allonge comme le museau d'une fouine; ses na-
rines sont dilatées, ses joues d'un rouge cramoisi;
ses yeux semblent deux jets sanglants; quand il
dresse son front dénudé, son cou se gonfle... De-

vant ses inférieurs l'insolence est la caractéristique
la plus saillante de son individualité... Si un client
lui fait entrevoir une entreprise lucrative, alors
son dos s'assouplit, sa voix devient tellement miel-
leuse qu'elle en est fade; ce n'est plus un être humain, mais un chien rampant aux pieds de son
maître! A force d'astuce, cet homme de soixante et
quelques années est parvenu à une haute position
commerciale et politique : partisan intéressé du
gouvernement quel qu'il soit, il a su obtenir une
place dans ce centre ministériel qu'on appelait les
vendus sous la restauration, et dont on a fait les
ventrus sous le règne de Louis-Philippe !

Député d'un bourg pourri et servile, il ne craint
pas de toucher à toutes les questions politiques et
sociales, prenant pour point de départ son intérêt
bien entendu et ne manquant pas d'aboutir au
même point; d'une activité dévorante, comme nous
l'avons dit, il a une armée bureaucratique toujours à ses ordres; dès l'aube du jour, on le voit dé-
pouiller ses nombreuses correspondances de la pro-
vince et de l'étranger; piqué de la tarentule spéculative, il rend malheureux tout ce qui l'entoure.
Il est sans cesse à la recherche de la production
à vil prix; aussi pour lui le travailleur n'est-il
qu'un engrenage de la grande machine industrielle; lui faire rendre en bénéfices le centuple du
maigre salaire qu'il lui accorde, est sa préoccupa-
tion constante, son rêve le plus caressé. Richis-
sime, il possède un personnel de plus de cinq cents

hommes, femmes et enfants, et sa joie la plus vive consiste à tenir tous ces fronts courbés sous sa parole autocratique.

— *Chose!* dit-il un jour à son factotum, en lui montrant une feuille imprimée, comment se fait-il que mon nom figure dans ce journal? qui a osé dévoiler mes intentions?... Y aurait-il des traîtres chez moi?... Et j'ai la générosité de leur donner du pain!... Je veux connaître l'auteur de cet article malveillant. Informez-vous... adroitement! mais vous êtes si niais! Je vous paye grassement cependant... pour ainsi dire à ne rien faire!... Ah! on me dénigre! ah! on veut me faire passer pour un juif! cela ne peut pas durer... Quoi! je fais tout mon possible pour créer du travail! je me ruine pour des institutions de prévoyance et des entreprises philanthrophiques, et voilà ma récompense! Ingratitude des hommes! oh! mais on ne me connaît pas; je broierai l'imprudent qui voudra se mettre sur ma route... et vous-même, entendez-vous!

Ces paroles saccadées tombaient sur un serviteur dévoué depuis plus de trente ans aux intérêts de cet étrange personnage. Le malheureux gardait le silence.

— Mais vous ne répondez pas plus qu'une borne! s'écria le maître en frappant du poing sur son bureau; je vous le répète, je veux connaître au plus tôt l'auteur de cet article ou je vous chasse! — Voyons, mon cher enfant, reprit-il d'un ton doucereux, nous sommes de vieux camarades, je vous considère comme la clef de voûte de mon établissement; pourquoi me fait-on la guerre? moi qui voudrais voir la fonderie tout entière dans ma main pour lui donner un cachet grandiose! Vous comprenez l'importance de ce projet, n'est-ce pas? plus qu'une maison parisienne, c'est le bien-être pour tous, nos opérations doublées, quadruplées... Je veux voir cet ouvrier-écrivain; il n'y a qu'un fondeur qui ait pu écrire cela... S'il est ambitieux, je sacrifierai quelques milliers de francs!... On peut acheter un homme en faisant miroiter devant ses yeux l'espoir d'une petite fortune... Qu'est-ce que l'homme devant l'argent?... Mais parlerez-vous enfin!

— Monsieur, dit en tremblant le chef d'atelier, cet article de journal a été rédigé par une commission ouvrière, qui croit voir dans la réalisation de vos projets l'absorption de l'industrie typographique, un monopole dangereux; elle demande la réglementation du prix de main-d'œuvre, comme un gage de sécurité; je ne partage pas cette opinion, c'est entraver la liberté commerciale, dit en hésitant le pauvre factotum; ces ouvriers craignent, de là leurs plaintes; ne pourrait-on s'entendre?

— Qu'est-ce à dire? Aurait-on la prétention, par hasard, de s'ingérer dans la conduite de mes affaires! Ces ignares voudraient-ils en remontrer à la science de l'offre et de la demande! Je trouve le moyen de faire produire sans trop grands débours, et cela ne me serait pas permis! Où irions-nous, grand Dieu! avec ces idées subversives de tout ordre social? On me dénonce comme inventeur d'un nouveau système de la faim! parce que je veux venir en aide à de pauvres parias..., parce que j'enseigne dans les prisons le moyen de rendre de laborieux citoyens à notre chère France, parce que de malheureux condamnés sauront un métier!... Mais des maisons religieuses me bénissent pour le travail que je procure à de pauvres petites orphelines... Et ces bonnes et saintes œuvres seraient regardées comme une honteuse spéculation sur la misère! Est-ce qu'on voudrait me faire payer l'apprentissage? Ce serait plaisant en vérité! Ah! tenez, j'éprouve tant de dégoût, que si demain une mécanique pouvait me délivrer de tous ces bras rétifs, dût-elle me coûter un million, je l'achèterais pour mettre à la raison tous ces cerveaux étroits et égoïstes qui veulent parler en maîtres. Au surplus, mon parti est pris, puisqu'ils veulent la guerre, je la leur promets à outrance; pour commencer, avertissez tout *ce monde* qu'à partir du 1er courant je suis forcé de réduire de 30 p. 100 le prix du mille de lettres; comme la prison de Saint-Germain me donne un bénéfice net de 50 p. 100 sur les prix de Paris, c'est un cinquième que je perds encore pour garder une ingrate famille ouvrière...; n'est-ce pas assez de sacrifices?

Tel était l'homme, sans surcharge, ni couleurs d'emprunt. Nous ne voudrions pas aller trop loin dans nos réflexions à propos de ce personnage non fictif malheureusement ni trop exceptionnel ; mais lorsque nous avons lu les *Misérables*, dont les réclames ont fait tant de bruit, nous avons amèrement regretté que l'illustre et honorable Victor Hugo se soit complu à nous faire envisager comme une noble nature et un patron modèle son philanthrope industriel devenant CINQ FOIS millionnaire en quelques années ! Combien toutefois M. Valjean-Madeleine est mesquin auprès de ce chef d'industrie dont nous parlons ; en effet, tandis qu'il se contente de faire *bêtement* fortune au lieu et place de son millier d'ouvriers à maigres salaires, notre type a la prétention de se ruiner pour faire le bien des orphelins et améliorer les détenus pour crimes et délits ; décidément le forçat honnête homme de l'immortel écrivain ne va pas à la cheville de notre émérite et réel spéculateur.

Il faut bien le dire : contre la production ouvrière, qui n'a et n'aura peut-être longtemps encore pour toute fortune que son travail et ses bras, il y avait, à l'époque dont nous parlons, une concurrence effrénée, tant dans les maisons de détention que dans les maisons religieuses ; des entrepreneurs au rabais étaient protégés par l'administration, qui percevait un tiers sur le produit des prisons ; les chefs de travaux se faisaient la part du lion sur les deux autres tiers. Les couvents et communautés religieuses n'étaient pas moins avides ; au contraire, ces maisons gardaient, et gardent encore, l'intégralité du produit manuel, en assurant un gîte et une maigre pitance aux malheureuses que la nécessité fait tomber sous leur joug. Aussi les travaux de couture pour les femmes, les articles-Paris pour les hommes, n'ont pu jusqu'à ce jour se relever. Sans contredit, c'est le plus grave problème à résoudre que celui du travail libre en présence de la concurrence au rabais des prisons et des maisons religieuses. Appeler l'attention des hommes sérieux sur cette question vitale est d'une importance extrême. Nous croyons fermement que toute production pénitentiaire ou faussement chrétienne est loin d'apporter une amélioration dans le sort des masses; elle ne sert qu'à édifier la fortune des spéculateurs sans vergogne dans la société civile ou dans le monde se disant religieux. Récemment, nous avons vu l'engouement des feuilles *libérales* pour l'amélioration de la condition féminine; relever théoriquement l'ouvrière a été pour M. Jules Simon le sujet d'un beau livre; le *Siècle*, dans la personne de M. Edmond Texier, n'a pas découvert pour atteindre ce but de plus sûr moyen que l'introduction de l'élément féminin dans les états d'hommes à force relative. Je ne sais si ces écrivains se sont trouvés en rapport direct avec le travail manuel; mais leurs raisonnements me feraient supposer le contraire, d'autant plus qu'il est facile de se convaincre que dans la panacée qu'ils proposent, ils n'ont oublié qu'une chose, l'avilissement des salaires, déjà fort restreints, par l'intervention de la femme. Un spéculateur ne mettra

jamais en ligne de compte l'amélioration matérielle ou morale; l'amoindrissement du prix de revient, voilà son seul mobile à lui; l'introduction
d'une nouvelle concurrence productrice n'aboutira
jamais, quoi qu'on dise ou qu'on écrive dans une
intention aussi bonne et désintéressée qu'on le sup-
pose, n'aboutira jamais, disons-nous à un mieux-
être pour l'ouvrier; les machines, les femmes, les
enfants, substitués à l'homme, ne parviendront qu'à
stimuler, loin de l'assouvir jamais, la soif inextin-
guible du gain!

A notre avis, la véritable amélioration sociale ne
pourra se réaliser que lorsque le travailleur sera las
de servir d'instrument de richesse à la spéculation;
lorsqu'il saura compter avec son initiative, son
intelligence et ses bras; pour mieux dire, lorsqu'il
aura le courage de secouer cette torpeur dans laquelle il croupit au service de la féodalité capita-
liste et industrielle.

Prudhomme, de révolutionnaire mémoire, disait : « Les grands ne sont grands que parce que
nous restons à genoux... levons-nous ! » Avec plus
de raison nous pouvons dire : « Notre ignorance
et notre apathie font seules la force des seigneurs
de la finance... instruisons-nous, réveillons-nous ! »

Ces réflexions, quoiqu'elles ne sortent pas de
notre cadre, nous éloignent un peu de notre in-
téressant maître-fondeur; revenons-y.

Piqué au vif par l'attaque publique dont il avait
été l'objet de la part d'un ouvrier, il voulut d'abord

essayer de la corruption, avant d'avoir recours à la
menace. Albert était l'un des principaux rédacteurs
de cette pièce où étaient consignés les griefs des travailleurs. Il se rendit à l'invitation du maître fondeur; celui-ci l'accueillit avec des paroles douce-
reuses, affectant de lui ouvrir un cœur vraiment
paternel :

— Cher Monsieur, dit-il, j'ai été profondément
touché du sombre tableau que vous avez fait de la
fonderie parisienne, mais ce qui m'a bien plus
affligé encore, c'est de m'être vu attribuer la plus
grande partie de notre malaise industriel. Connaissez mes intentions, elles sont loin de celles que
vous me prêtez. J'ai toujours eu l'habitude de
joindre les actes aux paroles; je suis libéral comme
le gouvernement que la révolution de Juillet s'est
donné; je ne crains pas de l'avouer, je lui suis
tout dévoué. Peut-être est-ce à mon dévouement
absolu que je dois la bienveillante protection dont
je puis user; je n'en abuse pas, j'aime l'indépendance... Cependant quant à ce qui concerne la
classe la plus nombreuse, qui ne vit que d'un travail
toujours insuffisant, mon rêve est de la voir heureuse; j'éprouve une peine réelle lorsque j'entends
un cri de douleur sortir d'une poitrine vaillante;
c'est pourquoi je me suis apitoyé sur ces naufragés
de la société relégués dans les prisons, j'appelle ces
malheureux à se régénérer par le travail : pouvez-
vous m'en faire un crime?... Je voudrais, mon
ami, tant j'ai à cœur de voir tout le monde heu-

reux, que vos mères, vos femmes, vos filles et vos sœurs vinssent seconder le mouvement de mon âme sympathique. Je désire ne voir pour tous qu'un seul atelier; en un mot, mon but est de ne faire qu'une seule famille industrielle!... Je sais que mon idée est entachée de fouriérisme; mes amis politiques m'en blâment, me raillent même en disant que c'est une manie ruineuse..., que voulez-vous! ce sont les aspirations de mes jeunes années, j'y tiens absolument...; ah! je sais qu'une fortune est trop souvent aventurée dans une entreprise philanthropique; mais comme ce doit être le couronnement de mes labeurs incessants, mon vrai bonheur, j'y tiens... Et je vous le jure, je serais le plus heureux des hommes à la fin de ma carrière, dont l'heure va bientôt sonner, si je parvenais à réaliser ce beau rêve!...

— Monsieur, dit Albert sans s'émouvoir, puisque vous vous dites si bien disposé à rendre notre condition meilleure, pourquoi cette tendance désastreuse à l'abaissement de nos salaires?

— Mais, mon cher enfant, c'est la fatalité des temps actuels; produire incessamment et à peu de frais est notre loi suprême; comme vous, je déplore cette inexorable nécessité; mais qu'y faire?

— Vous êtes millionnaire, m'assure-t-on, Monsieur; est-ce que votre fortune péricliterait en cherchant à vous opposer à la misère du plus grand nombre au lieu de la provoquer?

— Provocateur de misère! Savez-vous, Mon-

sieur, que ce mot peut coûter la vie à un homme
dans un moment de troubles! que c'est me vouer
à la haine de malheureux ignorants... Croyez-vous
la loi impuissante à réprimer de pareilles calomnies? J'espérais trouver en vous un homme d'avenir... Vous me semblez un travailleur intelligent...
Je croyais pouvoir vous être utile..., j'avais même
l'ambition de vous posséder dans mes ateliers en
vous donnant une des premières places... Compter
avec vous était superflu... Un homme tel que vous,
qui tient aussi habilement la plume que l'outil,
n'aurait jamais été trop chèrement acquis... Mais
je le vois et le déplore en toute sincérité de conscience, vous êtes intraitable... Prenez garde, jeune
homme, je joue cartes sur table... Vous attaquer
à moi, critiquer mes plans industriels, c'est appeler
un ennemi implacable à user de toutes les armes
pour se défendre...

— Une menace ne tient pas lieu de raison, répondit Albert avec calme; et puisque vous dai-
gnez, Monsieur, discuter en ce moment, permettez-
moi, à mon tour, d'élever la voix en faveur d'une
cause sacrée, la défense des droits de l'ouvrier.
Vous vous tromperiez étrangement, Monsieur, si
vous pouviez croire qu'il y eût en nous de la haine
ou de la convoitise... L'indignation du travailleur
vient de ce que trop souvent des chefs industriels,
dont la fortune si bien assise saurait résister à de
rudes épreuves, cherchent des premiers à absorber
les forces vives et productrices d'une nation comme

4*

un moyen de prépondérance. Je ne me propose nullement de me plonger dans des dissertations économiques dont on use et abuse par le temps qui court; je me permettrai cependant, Monsieur, de vous faire observer que tenter de réduire comme vous le faites en ce moment notre salaire, par le travail des prisonniers, lorsque les bras ne manquent pas; chercher dans les communautés religieuses de nouveaux auxiliaires à vil prix, si c'est votre droit strict, n'en constitue pas moins un acte qui n'est pas également moral ni politique au jugement de tous. Si le travailleur succombe sous le poids d'une misère intense, si l'homme qui veut vivre et élever honorablement sa famille de son gain journalier voit se dresser devant lui la concurrence des prisons et des couvents, il en viendra à maudire des causes qui engendrent de si déplorables conséquences; femme et enfants seront pour lui un épouvantail et une malédiction; au lieu de faire progresser l'humanité, vous la verrez sûrement aboutir à un découragement amer et à une affligeante démoralisation... Prisonniers et religieuses ne peuvent rien produire de favorable pour les travailleurs. Il serait, vous le sentez bien, trop facile de le démontrer.

— Prétendriez-vous donc que ces bras doivent rester improductifs?

— Loin de moi cette pensée, Monsieur. Il y a, ce nous semble, une issue ouverte à l'activité de la claustration pénitentiaire ou religieuse. Qui empêche l'État de la faire servir aux besoins multiples de ses diverses administrations, sans perdre de vue les intérêts des classes laborieuses? L'avilissement de la production au lieu de conduire à la baisse de prix des objets de consommation, n'a que trop généralement pour effet, c'est un fait notoire, de porter la *différence* des frais de main-d'œuvre uniquement à l'*avoir* du spéculateur. La masse des consommateurs qui est en même temps la masse des producteurs, a par conséquent tout à perdre et rien à gagner à la philanthropie du mercantilisme.

— Je vous ai laissé longuement discuter, jeune homme, quoique mon temps soit précieux..., et je vous l'avouerai, toutes les raisons que vous m'avez présentées d'une manière si lucide ne sauraient me convertir...; elles ne sont que des réminiscences de vaines théories suggérées par des politiques ambitieux, qui, au nom de la liberté, et soi-disant dans l'intérêt des masses, étoufferaient bel et bien cette liberté dont ils se disent les fervents défenseurs. J'ai le droit, entendez-le bien, personne ne peut le contester, j'ai le droit d'agir dans le sens de ce que je crois être mon intérêt propre; et si je pouvais trouver le moyen de réduire à zéro mon prix de revient, moi, chef d'industrie, je serais singulièrement sot de ne pas l'employer.

—Mais si aujourd'hui même le travailleur se refusait à servir d'instrument à l'édifice de votre fortune... S'il se disait : « A quoi bon rester à la merci d'une tutelle qui ne se propose que de me sacrifier à son avidité et à son égoïsme? » S'il venait vous dire avec résolution : « A dater de ce jour, mes bras se refusent à augmenter vos richesses... il me faut la sécurité au lieu du caprice... Je veux un prix de main-d'œuvre en rapport avec les exigences de la vie ou je vous abandonne..., vous qui ne rêvez que ma misère. Désormais mes bras n'appartiendront qu'à moi seul, ou je ne les offrirai qu'à celui qui saura tenir compte de ma dignité d'homme... » Si le travailleur disait cela, Monsieur?

— S'il disait cela..., répondit le maître fondeur en regardant fixement Albert, nous verrions ce que nous aurions à faire... Tenez, mon cher Monsieur, si j'ai un conseil à vous donner, c'est de ne pas faire fi de mes paroles, retenez-les : Lutter avec la fortune, la puissance politique, la supériorité de l'intelligence, c'est être triplement fou... ; vous savez ce que l'on fait de ces pauvres affligés, on les renferme...

— Eh bien, Monsieur, sachez-le donc, cette triple folie va s'accomplir, la lutte aura lieu et ce sera votre fait... Dès demain, vos ateliers seront déserts si vous persistez à maintenir la réduction des salaires... Nous aussi nous connaissons notre droit et nous n'oublions pas notre devoir.

— Vous oubliez une chose, cependant, pauvre enfant, la loi sur les coalitions, et en me dévoilant vos projets insensés vous risquez d'encourir la plus grave des pénalités comme l'un des chefs; j'en serais vraiment peiné... Sortez au plus vite, Monsieur, dit le petit homme en étendant le bras d'un air d'autorité; il y a longtemps que je connais vos délibérations à mon égard... Je pourrais vous faire arrêter sur-le-champ, ici même; mais j'ai pour vous un reste de pitié... quoique cette arrestation fût une réponse méritée à votre outrecuidante menace. Sortez, vous dis-je; vous avez repoussé l'offre de mon amitié, attendez-vous à subir la rigoureuse justice d'un honnête homme.

Le maître fondeur se leva, reconduisit l'ouvrier avec une politesse affectée; puis revenant brusquement à son cabinet, il ouvrit une porte : un monsieur, tout de noir habillé, en sortit, et s'inclina humblement en signe de soumission.

— Vous avez entendu monsieur le délégué, dit le maître avec un sourire ironique; la menace est flagrante; agissez donc vigoureusement. Nos droits et nos intérêts sont menacés, frapper fort est notre suprême loi! Rien que d'y penser j'en suis ému, — ajouta-t-il d'une voix qui tremblait malgré lui. — C'est de la jeunesse intelligente et active, qu'il faut maîtriser et punir..... C'est vraiment dommage! Mais j'y songe..., mes devoirs de député m'appellent à la chambre, je suis rapporteur d'une pétition demandant l'abrogation de l'article 1781 du Code civil et des articles concernant les coalitions, les signataires demandent bénévolement l'égalité entre maîtres et ouvriers; où en serions-nous, bon Dieu! si les lois n'étaient pas là pour nous protéger!... Venez, cher Monsieur, passons dans la galerie, vous examinerez mon nombreux personnel.

Le maître fondeur s'empara du bras du personnage, traversa lentement ses ateliers, s'arrêtant de temps à autre pour se faire entendre.

— Cher ami, dites à M. le préfet de police que je le remercie cordialement de ses témoignages d'amitié..., qu'il m'en coûterait énormément de me voir séparer de ma chère famille ouvrière... Il m'est impossible de croire que ces chers enfants pousseraient l'ingratitude jusqu'à vouloir m'abandonner! mon cœur de père en saignerait! Je n'y survivrais pas.

L'honnête homme semait la crainte, les ouvriers allaient recueillir la tempête!...

N'oublions pas que ceci se passait à une époque et sous un régime où les lignes de démarcation entre les différentes classes de citoyens étaient profondément tranchées. Elles avaient pour sanction le cens électoral d'odieuse mémoire et pour corollaire un antagonisme à outrance. Le système politique d'alors suait le privilége. Nous avons dû boire ses hontes jusqu'à ce qu'il s'effondrât sous cet immense effort du progrès qui assit l'égalité civile sur l'immuable base du suffrage universel.

XI

Comme nous l'avons dit dans un précédent chapitre, pour mettre un frein à la rapacité de quelques industriels, la plupart parvenus et d'autant plus avides, un grand nombre de métiers de la capitale s'étaient formés en associations pour résister à l'abaissement des salaires ou chercher à relever ceux qui se trouvaient dans des conditions désastreuses.

La plupart des ateliers de la fonderie parisienne se trouvaient dans ce dernier cas. M. ***, dont nous venons d'esquisser le portrait, avait déjà fait plusieurs tentatives de réduction des prix de main-d'œuvre. Ces réductions n'ayant eu pour résultat que d'amener la cessation du travail, il eut l'idée d'établir des fourneaux dans un pénitencier. Se masquant de dehors philanthropiques, cet adroit industriel en obtint l'autorisation du gouvernement de Juillet. Ce haut protectorat devait mettre à la raison les *mauvaises têtes* ouvrières qui poussaient l'aveuglement jusqu'à méconnaître les *charitables* intentions de ce maître fondeur !

Des actionnaires, alléchés par la promesse de bons dividendes, fortifièrent la caisse sociale ; une exploitation formidable menaça d'absorber l'industrie entière ; déjà bon nombre de fonderies en désarroi succombaient devant l'impossibilité matérielle de lutter contre une aussi rude concurrence.

Une maison pourtant soutenait énergiquement cette guerre en associant ses ouvriers et les faisant participer aux bénéfices, ce qui était devenu pour elle une condition de prospérité ; ce n'était pas en vain qu'elle avait fait appel aux ouvriers en s'adressant aux deux puissants mobiles de l'émulation et de la dignité. Cette maison, nous la connaissons, nous l'avons vue à l'œuvre au début de ce récit.

La corporation des ouvriers fondeurs, choisissant ses délégués parmi les plus dévoués et les plus capables, trouvait à loisir des représentants dans cet honorable établissement.

Albert ayant eu un grand nombre de suffrages fut appelé à faire partie de la commission dont le mandat était d'établir un tarif uniforme des prix de main-d'œuvre dans la fonderie parisienne.

Sa femme n'était pas insensible à cet honneur ; l'ouvrier rentrait-il harassé par le travail ou par les tracas d'une défense opiniâtre et active des intérêts de sa profession, un bon et doux baiser l'at-

tendait au seuil de sa demeure. Jenny n'était pas
éloignée de devenir mère une seconde fois, lorsqu'une mesure générale fut prise par les fondeurs :
un chômage obligatoire devait avoir lieu si les patrons fondeurs refusaient de rédiger de concert
avec les ouvriers un tarif qui protégeât ceux-ci
contre des fluctuations continuelles, sans toucher
aux intérêts bien entendus des premiers, qui, du
reste, n'avaient pas de plus grands soucis que de se
ruiner les uns les autres.

La commission fit des démarches auprès de quelques chefs de cette industrie pour demander l'ad-
jonction des membres patrons. Un refus hautain
fut la seule réponse aux avances faites par les ouvriers. Un petit nombre de maîtres fondeurs accep-
tèrent le tarif sans contestation ; les ateliers de ceux
qui avaient fait preuve de mauvais vouloir furent
abandonnés.

Les notabilités financières et industrielles sou-
riaient à cette velléité d'émancipation ouvrière...
Mais lorsqu'elles virent un grand mois s'écouler,
les fourneaux rester déserts, la production morte,
les capitaux stagnants, la peur les saisit ; des
plaintes et des dénonciations assiégèrent les quatre
points cardinaux du trône soi-disant *populaire*. Le
gouvernement de la bourgeoisie, mis en demeure,
ne pouvait faire autrement que de sévir. Il ordonna
de vigoureuses poursuites : arrestations nombreuses, perquisitions domiciliaires, saisies de livres et
de caisses, etc.

Ces perquisitions ne ravivaient pas pour cela le corps inerte de la fonderie parisienne. C'est qu'il y avait une solidarité entre tous les membres de la grande famille des travailleurs; chacun souffrait de la misère de son frère; en apportant son obole, on aidait à la défense de son propre pain !

XII

AU DÉPOT

Par suite de ces dénonciations du maître fondeur, trente ouvriers furent arrêtés successivement; les premiers mandats d'amener reçurent leur exécution dès cinq heures du matin. Les prévenus furent d'abord consignés dans un poste de gardes municipaux, et restèrent, dans un endroit humide et infect, *onze heures* durant, sans qu'on s'occupât de savoir s'ils avaient faim ou non!...

Les procès-verbaux rédigés, la préfecture de police, où toutes les misères sociales se coudoient, depuis l'enfance au vice précoce jusqu'à la vieillesse endurcie dans le crime, allait devenir le séjour de ces hommes poursuivis à la fois par la haine et par la peur!

Ces dignes fils du travail, ils avaient la conscience de n'être pas coupables; mais les premiers gestes, les premiers mots, la voix brusque des gardiens, ce bruit de verrous et de clefs, ce pain noir, cette jatte de nourriture repoussante, tout cet appareil insolite exerçait sur eux une pénible impression.

Albert et un de ses compagnons entrèrent les premiers au greffe; un gardien les fit passer sous la toise; ils déclinèrent leur nom, puis ils durent relever leurs manches pour faire visiter leurs bras nus. Ces formalités remplies, le gardien leur dit : *Montez!* puis il cria dans un porte-voix : *Attention au troisième, deux!...* Une voix répondit: *Envoyez!* Les deux compagnons d'infortune montèrent; ce fut à ce moment qu'on leur remit à leur tour un morceau de pain noir et une terrine de pois !

En entrant dans la salle, ils ne purent s'empêcher de reculer d'émotion et de dégoût !... *Messieurs les voyageurs, entrez !...* fut le premier accueil de ce monde étrange; un rire sardonique ou hébété accompagna ce bonjour rauque qui donnait le frisson !

Les deux pauvres ouvriers tenaient leur jatte à la main; dix bras s'étendirent vers eux, les figures grimaçaient un sourire; *ces Messieurs ont dîné?* dirent quelques voix; et sans violence aucune, Albert et son compagnon se trouvaient débarrassés au milieu de ricanements éhontés !

Le guichet s'ouvrit, le gardien imposa silence...

Au fond de cette salle se trouvait une planchette où quelques prisonniers écrivaient. Albert s'empressa d'acheter du papier à un détenu, — le lucre commercial sait se frayer un passage jusque dans les prisons ! — L'ouvrier fit tout son possible pour rassurer sa dévouée compagne sur sa position, qu'il disait n'être pas malheureuse..., mensonge dicté par le cœur, mais trahi par une larme !

Sa lettre terminée, Albert et son compagnon vinrent s'asseoir sur un banc isolé; leurs pensées étaient tristes comme leur âme. Les habitants de ce lieu maudit continuaient leur promenade, les reconnaissances, les aveux se faisaient à mi-voix...

Un fanfaron de vice racontait à un de ses acolytes que son *coup* était bien monté..., et la *rafle* sûre...; mais qu'il avait été *paumé* bien malheureusement ! — Un autre se lamentait au sujet d'une amante qu'il désirait revoir, on lui avait pris 6,000 francs, *fruit de ses épargnes*, sa fortune, ses espérances...; il maudissait sa funeste idée d'avoir voulu revoir Paris... C'était un ancien forçat en rupture de ban ! Il y avait encore des vagabonds, des mendiants, de la misère, de la honte ! tout enfin !... Ah ! comme le cœur de nos pauvres et honnêtes ouvriers se serrait devant la sombre réalité d'une des plus tristes faces de la vie !...

Un jeune homme s'approcha d'Albert et lui dit : « Si vous avez quelque argent sur vous, je vous engage à ne pas dormir cette nuit, car vous êtes en compagnie de *grinches numéro un, ils vous dépouilleront comme un vrai lapin !...* »

Un autre misérable accosta le compagnon d'Albert, en se grattant la poitrine avec fureur. « *Vous êtes chanceux*, lui dit-il, *de ne pas avoir été mis à*

*côté, la vermine vous aurait rongé en deux jours...
C'en est dégoûtant !* »

Les deux ouvriers se levèrent avec crainte et répulsion ; ils se réfugièrent près de la porte ; des larmes amères roulèrent sur leurs joues pâlies ! L'image du foyer honnête et paisible, en ce moment en deuil, contrastait douloureusement avec cet affreux réduit.

Le gardien introduisit deux nouveaux venus ; Albert lui ôta respectueusement son chapeau, demandant avec instance un refuge isolé pour son compagnon et lui. Le brigadier arrivait.

— Ah ! n'est-ce pas vous qui en entrant me demandiez une pistole ?...

— Oui, Monsieur, dit Albert plein d'espoir...

— Je n'en n'ai pas, mes pauvres garçons ; mais soyez tranquilles, je vous fais préparer une chambre où vous serez en compagnie d'un certain nombre de vos camarades...

Nos deux ouvriers le remercièrent avec empressement.

Presque aussitôt ils furent appelés. En revoyant des compagnons d'atelier, l'idée de la prison s'effaça de leur mémoire ! Ils étaient au nombre de quinze dans une chambre carrée et assez propre — (sauf un meuble *nécessaire* entre deux fenêtres). — Ces fenêtres, il est vrai, étaient garnies de barreaux de fer et pourvues de grands auvents en chêne, qui permettaient d'entrevoir... les pieds de la sentinelle, et d'entendre le bruit des voitures... Par-dessus tout, ils étaient éloignés de ce contact infect qui un moment avait menacé de les asphyxier... Leur malheur s'amoindrissait !...

Vers sept heures, le gardien entra dans la cellule, avec un prisonnier portant une lampe allumée; ils ouvrirent deux larges serrures appliquées à deux espèces de lits de camp derrière lesquels se trouvaient des paillasses et des couvertures. C'était la couche des prisonniers.

— Vous pouvez, dit le gardien, vous reposer à votre aise...; tâchez, Messieurs, de faire une bonne nuit! Le prisonnier et le gardien sortirent, et verrouillèrent la porte.

Un moment après, on entendit un bruit d'étrange sorte : c'était la visite des barreaux de fer, on s'assurait de leur solidité... Il y eut alors dans le voisinage des chants, des disputes et des cris d'hommes et de femmes; la voix des gardiens ne pouvait dominer le vacarme; les menaces de cachot, les imprécations se succédaient comme un concert infernal, puis tout rentra dans le silence... l'heure du sommeil avait vaincu !...

O première nuit de la prison! si tu es pleine d'angoisses pour le coupable, combien tu deviens poignante pour l'ouvrier dont le seul crime est de défendre son travail et de lutter contre la misère, et qui se trouve tout à coup privé des soins de sa famille aimée!... O nuit de douleur et de larmes! Qu'importe la dureté du grabat!... Mais songer qu'au réveil on ne reverra pas ses enfants, on ne

les entendra pas vous dire au revoir avec leur doux
sourire; songer qu'une chère compagne ne pourra
vous donner le baiser d'adieu accompagné d'une
parole de courage, quelle tristesse navrante! Oui!
cette première nuit, nuit d'insomnie et d'angoisses,
est bien cruelle!...

XIII

L'INSTRUCTION

Huit jours après, — huit jours! — on appela Albert chez le juge d'instruction. Il descendit rapidement; on lui demanda ses nom et prénoms, puis il fut remis à un gendarme qui lui passa au poignet gauche une corde maintenue serrée par une cheville de bois. Ils traversèrent plusieurs sombres voûtes, cours et couloirs, et arrivèrent au cabinet du juge.

Albert s'avança : au bureau de gauche se tenait le greffier, à droite, se trouvait un grand vieillard à la figure sévère, feuilletant un amas de papiers : cet homme portait le ruban de la Légion d'honneur.

—Asseyez-vous, dit-il d'une voix brève à l'ouvrier.

Albert prit un siége.

— Vous êtes accusé de coalition...

— Je crois, Monsieur...

— Taisez-vous! Ne cherchez pas à excuser votre conduite..., répondez seulement à mes questions. Vous êtes l'un des principaux agents de cette insurrection ouvrière...

— Je suis, Monsieur, l'un des mandataires de mes camarades : nous cherchons à empêcher l'avilissement de nos salaires...

— Vous ne répondez pas à ma question..., on dirait que vous avez la tête ailleurs...

— En effet, Monsieur, je pense surtout à ma famille...

— Vous pouvez vous en prendre à vous seul de cette séparation...; mais pas de subterfuge, ils sont inutiles, ici. — Vous êtes devant la justice..., répondez avec vérité!... Vous avez ordonné le chômage dans les ateliers de fonderie?...

— Non, Monsieur...

— Vous mentez!

— Le mot est dur, Monsieur, mais je vous déclare que je n'ai rien ordonné...

— Vous mentez! vous dis-je... Du reste, je n'ai pas besoin de votre déclaration...; les preuves sont là, évidentes..., écrites!... — Non-seulement vous êtes coupable aujourd'hui; mais d'après certaine note de police, vous avez déjà été arrêté dans un endroit malfamé, au milieu de voleurs et d'assassins! il y a douze ans de cela [1]!...

A ces paroles foudroyantes, Albert reprit tout son courage; il s'écria plein d'énergie :

[1] A ce passage près, si conforme d'ailleurs au mode de récriminations usité en justice, cet interrogatoire est de la plus rigoureuse exactitude.

— Oh! je le jure, je n'étais pas coupable... Jeune alors, je fus trouvé, il est vrai, dans un cabaret du boulevard du Temple; ma seule faute fut de m'y être laissé entraîner... Mais voleur et assassin! infâme calomnie! Toute mon âme se révolte à cette odieuse imputation. Qui oserait me lancer un tel outrage? Je suis un homme d'honneur, Monsieur, et je sortirai d'ici l'honneur sauf, comme j'y suis entré...

Albert tremblait d'une émotion qu'il est facile de comprendre; son visage était pâle, son œil humide. Il ne songea même pas à rappeler le fait du désistement immédiat de l'instruction en ce qui le concernait dans cette affaire.

Le juge repartit avec un sourire amer :

—Si ma trop longue carrière ne m'avait habitué à apprécier la sincérité de certaines protestations, je pourrais vraiment voir dans votre véhémence la manifestation d'une conscience indignée!... Et voilà les hommes qui veulent dicter des lois à d'honorables chefs industriels! Honte et folie!...

Albert se redressa, et maîtrisant son indignation :

—Monsieur, dit-il, vous avez un pénible devoir à remplir, mais je ne sache pas qu'aucun dépositaire de l'autorité ait le droit de l'insulte et de la calomnie. Je vous ai dit que je n'étais pas un misérable, je vais vous dire maintenant ce que je suis : Je suis un ouvrier qui ne veut pas subir l'absolu bon plaisir de la féodalité industrielle; qui veut protéger son travail contre des spéculations honteuses et sans frein... La loi, nous dit-on, protége la liberté commerciale, mais la loi, qui est égale pour tous, met-elle à la merci du maître l'ouvrier qui demande des garanties et de la sécurité à la place du caprice et de l'arbitraire que l'âpreté du gain s'efforce de justifier en prétextant des obligations plus factices que réelles...

— Taisez-vous, malheureux!... vous aggravez votre situation par des aveux subversifs de tout ordre social! Vraiment! il serait beau de voir des fauteurs de désordre régenter, à leur gré, le travail!... Ce sont les élucubrations révolutionnaires d'ambitieux qui vous poussent à semer l'anarchie dans vos ateliers... Lorsqu'ils auront récolté la vengeance contre d'honorables chefs industriels, l'honneur du patronat, la richesse du pays, les gardiens vigilants de l'ordre public et de la liberté, ils briseront entre leurs mains le jouet inutile qui leur aura servi d'instrument!

— Mais je vous prie en grâce, Monsieur, d'examiner la situation qui nous est faite. Un homme dont la fortune ne s'élève que sur les ruines de chacun, cet homme empruntant le masque de la philanthropie aura, par son influence, le droit d'introduire sa fabrication dans les prisons, et moyennant une rétribution infime, d'obtenir de la production des détenus ce triple résultat : réputation de philanthrope, accroissement de bénéfices, défaite et asservissement des ouvriers réguliers et honnêtes. Le triomphe n'est-il pas complet? Mais ce régime, se couvrît-il fallacieusement du nom de liberté commerciale, nous laisse-t-il d'autre alternative que la faim ou la résistance !

— Toujours la menace à la bouche ! ah ! les voilà bien ces hommes de la force !... Mais vous êtes en nos mains puissantes..., vos menaces sont vaines, Dieu merci !

— Dieu veuille, Monsieur, que le trône de Juillet, dans un avenir peu éloigné, n'aie pas à regretter ce déploiement de rigueurs !

— D'ici là, nous saurons maîtriser votre orgueil et vos rêves anarchiques !

— Eh ! Monsieur, dit Albert, qui sait si les défenseurs de cet ordre de choses resteront seulement une heure à leur place lorsque ils entendront les premiers craquements de ce trône que la bourgeoisie perd par sa soif insatiable du gain et son aveuglement !

— Insolent ! réfléchissez que vous êtes un délinquant et un misérable, et que moi je représente la justice ! M'insulter, c'est me donner le droit de vous punir sur-le-champ par les fers et le cachot, ne l'oubliez pas !

— Je suis à votre merci, Monsieur, répondit Albert.

— Eh bien alors, répondez à mes questions simplement et catégoriquement, sans vouloir faire l'avocat ni le rhéteur... Vous et les vôtres avez donné l'ordre d'arrêter les travaux dans plusieurs fonderies de la capitale...

— Non, Monsieur ; j'ai fait partie, comme je

vous l'ai dit, d'une commission chargée d'élaborer un tarif de prix de main-d'œuvre, rien de plus, rien de moins.

— Quels sont ceux qui ont décidé la cessation des travaux?

— Permettez-moi de vous dire, Monsieur, que je suis accusé et non dénonciateur...

— Vous vous renfermez dans une défense inutile... Je les ai ces noms, les voici!... — Et le juge d'instruction en énuméra une quinzaine. — Vous le voyez, d'autres ne craignent point comme vous de dire la vérité...

Albert resta muet.

— Vous avouez que ce sont bien là ces noms? — Ecrivez, dit-il aussitôt à son secrétaire, la question et la réponse affirmative.

—Vous, ne mettrez pas cela, Monsieur, car cela n'est pas.

— Ah! vraiment, vous lassez ma patience! Que voulez-vous donc, misérable et menteur?

— Je veux, et c'est mon droit, Monsieur, que le procès-verbal relate ce que je dis, et pas autre chose...

— Vous ne signerez pas, selon votre droit que vous invoquez avec tant d'insolence...

— J'en userai de ce droit, Monsieur, car il est impossible qu'un homme investi de la plus redoutable magistrature oublie à ce point, par des insultes continuelles, les égards qu'il doit à un inculpé, aussi longtemps que le jugement de ce

dernier n'est pas rendu; jusque-là la loi le protége.

— Voulez-vous signer?

— Non, Monsieur.

— Garde, emmenez cet homme..., nous verrons
si la prison saura vaincre son arrogance!

Albert sortit sans répondre. Il tendit son poignet
au gendarme; mais celui-ci lui dit :

— Vous n'êtes pas un criminel, je n'ai pas besoin de vous attacher..., je regrette même de l'avoir
fait; mais vous comprenez, on ne sait pas à qui l'on
a affaire..., et puis, c'est la consigne... Vous avez
bien répondu à ce juge d'instruction qui veut toujours influencer par des menaces..., je ne trouve
pas cela juste!... Moi aussi j'ai été ouvrier, peut-
être suis-je appelé à le redevenir, et je ne sais pas
si je serais d'humeur!...

Albert lui tendit la main.

— Je souhaite de tout cœur, dit-il, que vous
n'ayez pas à subir de pareilles épreuves!...

— A la guerre, comme à la guerre, répondit le
soldat.

A la porte du dépôt, le gendarme donna une cordiale poignée de main à Albert, et lui dit :

— Du courage, mon camarade, du courage!

Cette fraternelle sympathie faisait oublier à l'ouvrier les procédés du juge. . . . .

. . . .

Les amis d'Albert attendaient son retour avec
anxiété. Aussitôt qu'il fut rentré dans la cellule,

chacun s'empressa de le questionner. Il raconta les divers incidents de son interrogatoire.

On appela successivement les autres prévenus; les insultes, les apostrophes les plus grossières, les plus incroyables, telles que nous craindrions de les reproduire, de même que de fréquentes menaces, furent sans résultat sur ces hommes convaincus, protestant contre une concurrence déloyale protégée par la politique de l'égoïsme érigé en système, d'après le mot tristement caractéristique d'un homme d'Etat d'alors : *Chacun chez soi, chacun pour soi.*

Le soir de ce jour-là quelques ouvriers fondeurs furent rendus à la liberté. A l'appel des heureux qui partaient rejoindre leur famille et leurs amis, les cœurs de tous furent vivement réjouis... Le gardien, dont tant de prévenances amicales avaient adouci leur captivité, vint leur rendre visite.

— Tenez, dit-il, vous êtes tous de braves gens, j'apprécie votre caractère, et veux vous donner du courage... Je suis certain que vos épreuves ne dureront pas longtemps... Vous êtes des hommes : je dois vous le dire, mes amis, soyez prêts de grand matin, plusieurs d'entre vous sont désignés pour le transfert dans la prison de Mazas !

Cette pénible révélation produisit tout d'abord une certaine émotion parmi les prisonniers; on savait que le système introduit dans cette nouvelle prison était la solitude la plus complète; mais on se résigna promptement : on était prêt à tout subir pour la défense de son droit.

XIV

Dès les six heures du matin, tous étaient debout; ceux qui avaient été désignés pour la prison cellulaire recevaient les adieux et les embrassements de leurs amis qui attendaient l'heure de la délivrance. Les premiers, au nombre de six, ne tardèrent pas à être appelés et descendirent, au moment où déjà un grand nombre de détenus se trouvaient rangés sur trois rangs dans une salle du rez-de-chaussée. Nos ouvriers furent placés en première ligne, puis conduits dans un étroit espace grillé; derrière et à côté d'eux, mais séparés, on plaça les autres prisonniers.

Les ouvriers fondeurs furent emmenés des premiers dans une voiture cellulaire, ayant à peine eu le temps d'échanger un regard d'amis et de se dire adieu.

L'ordre du départ donné, la voiture s'ébranla;

Albert, claquemuré dans sa logette, où tant d'autres avaient déjà passé, voyait le cavalier escortant la prison roulante; de temps à autre, une éclaircie lui indiquait les points de la route; place de la Bastille il entrevit le génie de la Liberté tenant en mains ses fers brisés; plus loin la voiture s'arrêta.

On était arrivé.

Une fois derrière ces sombres murailles, plus d'espoir d'entrevoir un visage ami! Il faut passer de main en main jusqu'à une cellule préparatoire; s'asseoir, au premier signal, sur une espèce de billot; le froid glacial d'un silence qui a quelque chose de funèbre se fait sentir au milieu d'interminables précautions. Après ces formalités d'introduction, on vous ramène au greffe pour être immatriculé sur le registre du désespoir ou de l'infamie! Il faut encore repasser entre les mains des gardiens échelonnés de distance en distance, entrer dans un long couloir solitaire, entendre se fermer sur soi une lourde porte, se voir retirer ses vêtements, entrer dans une baignoire où, quelques heures auparavant peut-être, un assassin était venu laver son corps maculé des souillures de son crime! Était-ce assez pour satisfaire les rancunes de la spéculation aux abois? Non, tous les affronts n'étaient pas encore subis... Il fallut revêtir l'ignoble livrée de la cellule : un pantalon presque sans boutons, une chemise laissant la poitrine à découvert, une casaque grossière; en outre, on dut rester les pieds nus dans sa chaussure! Bois, malheureux ouvrier, bois cette coupe jusqu'à la lie. Au fond de cette lie, ton cœur retrouvera la force et le courage en songeant que sous l'ignominieuse défroque qui te couvre bat le cœur d'un homme et non d'un esclave!

Albert subit toutes ces traverses avec résignation; toutefois, lorsqu'il fut dans sa cellule, il ne put se défendre d'un sentiment de tristesse et d'amertume : la pensée de sa femme et de son enfant lui faisait sentir sa puissante étreinte, et des larmes jaillirent de sa paupière.

Pendant qu'il était plongé dans ces angoisses, le guichet de sa porte s'ouvrit : un gardien venait lui demander s'il voulait de la nourriture, puis aussitôt s'il avait de l'argent. L'ouvrier ainsi rappelé à sa situation, tira machinalement une pièce de monnaie; le guichet se referma.

Cependant quelques heures s'écoulèrent encore pendant lesquelles il s'abandonna tout entier au cours des pensées qui le dominaient; il se reporta à son ménage où, il y avait à peine huit jours, il se trouvait près de son enfant souriant et de sa femme aimée. Dans quelle détresse était plongée sa compagne affligée?... qui sait si le nouvel enfant que contenait son sein n'avait pas été tué par la douleur; si elle-même n'était pas en péril...; si son fils, son cher fils, n'était pas malade!...

— Ah! s'écriait-il désespéré, tortures d'un autre temps, que la civilisation a repoussées comme un outrage à l'humanité! vous étiez affreuses, sans doute; mais l'isolement, l'absence, la destruction des liens de famille, motivés non par un crime mais par un délit, une prévention de délit, n'est-ce pas aussi quelque chose d'horrible! Si le corps n'est pas atteint, qui dira les froissements du cœur et de l'intelligence! Trêve de faiblesse pourtant. Non, mon courage ne faillira pas et mon âme sera plus forte que la haine.

Le prisonnier en était là de son monologue lorsqu'une lettre lui fut remise, une lettre de Jenny! Sa bien-aimée Jenny lui apportait le cri de son cœur; elle lui disait courage! Ah! Dieu n'abandonne donc jamais ses enfants..., puisqu'au milieu des angoisses de la douleur un écho de sa voix consolatrice est porté sur l'aile du dévouement!

La nuit vint. Le prisonnier adapta une espèce de toile-hamac à des crampons de fer, jeta sur la toile tendue à quelques centimètres du sol, un matelas, deux draps blancs et une couverture. Pour la première fois de sa vie, Albert faisait son ménage! Pour la première fois depuis huit jours il allait pouvoir se déshabiller, étendre ses membres engourdis de lassitude... La voix, la douce voix de sa compagne semblait murmurer à son cœur des paroles de tendresse... Son chevet s'imprégnait des douces émanations du foyer absent... Rêve délicieux dans une nuit calme...

Les murs de l'étroite cellule n'existaient plus pour Albert; réconforté, il cheminait sur la route du devoir accompli! fier, heureux de voir en perspective tant de mains amies tendues vers lui... ; tout un concert de chaleureuses sympathies lui réjouissait le cœur.

Le lendemain matin à six heures et demie, une cloche se fit entendre; Albert était déjà levé, rangeant le mieux qu'il pouvait son hamac, ses draps et sa couverture, conformément aux sévères exigences de la symétrie réglementaire. Le gardien entre dans la cellule, où il jette un coup d'œil. Albert lui demande s'il aura bientôt ses vêtements...

— Ce soir ou demain, lui est-il répondu.

Il faut rester un jour encore presque nu ! L'heure de la promenade l'appelle : Albert refuse, c'est à peine si la misérable livrée tient sur son corps en la maintenant à l'aide de son mouchoir. Il aime cent fois mieux rester entre ces quatre murs larges comme une tombe de famille... Avec du papier, de l'encre, des plumes, il va se créer tout un monde par la pensée... Albert conversera avec sa femme, son enfant, ses amis!... Combien il est loin, avec ces pensées d'amour, de bonheur et d'espérance, de cette petite table scellée au mur, de cette chaise enchaînée à la table, chaîne dont le moindre mouvement fait bruire les anneaux, unique écho de ce lugubre séjour.

Mais pendant que nous y sommes, visitons ces quatre murs : Une porte pleine et ferrée de main de maître, ne reçoit le jour qu'aux deux distributions de vivres du matin et du soir, et seulement par un étroit guichet; mais un trou évasé, en forme d'œil, est toujours là comme un scrutateur vigilant. En face de cette porte, une fenêtre s'entrebâille; elle est à environ deux mètres du sol, l'air *abonde* dans la cellule, pénétrant par cette mince ouverture. Il y a un autre conduit d'air pour la nuit; mais est-il bien sûr que celui qui s'en échappe soit toujours salubre? Les inventeurs du système disent oui; les exhalaisons fétides qui en sortent souvent dans la journée prouveraient le contraire; et le règlement recommande « *de n'y jeter que l'eau absolument nécessaire pour y maintenir la propreté.* » Au-dessus de ce meuble utile, s'il n'est agréable, se trouve une planchette supportant une terrine pour les ablutions; chaque jour un bidon est rempli d'eau. Le sol de la cellule est en briques; la voûte, quoique peinte à la chaux vive, laisse des traces d'humidité. Tel est dans son exacte réalité une cellule de Mazas!

Vers le soir, Albert reçut ses vêtements, leur vue lui donna une grande joie, tant il est vrai qu'en cellule un rien vous émeut! Après deux jours il pouvait enfin rejeter la déshonorante livrée, et reprendre un à un ces témoins de sa vie laborieuse!

Le lendemain, il n'hésita pas à se rendre au promenoir. C'est un espace de trente pas de longueur, à murs parallèles et élevés, disposé en forme de V, sur deux pas de largeur à la pointe qui forme porte, et dix à la partie évasée où se trouve une grille. Du milieu du rayonnement des vingt promenoirs s'élève un pavillon; un gardien surveille attentivement les promeneurs isolés. Il est rigoureusement défendu, sous peine de cachot, d'écrire sur les murs; et cependant, des malheureux en courent le risque pour satisfaire à une plainte, traduire un cri de haine ou de désespoir, une vanité criminelle! Chaque jour ces traces sont effacées, leurs auteurs punis, et chaque jour les mêmes cacactères douloureux ou coupables se reproduisent! Voici les plus fréquentes inscriptions que lut l'ouvrier : 102 *jours, pas jugé!... — X... dit bonjour aux amis... Courage! — J'ai commis* (c'était un misérable vieillard qui indiquait son crime), *je voudrais savoir pour combien j'en ai. —* 20 ans *de Cayenne, vieux scélérat!...* répondait une autre main. Puis il y avait des dates de libération avec un vivat escomptant la patience de deux, trois et cinq années!

Chaque heure s'écoulait ainsi dans cette vie monotone et attristante de la prison... Albert recevait, il est vrai, de sincères témoignages d'affection; mais les jours et les semaines semblaient fuir sans aucune solution! Deux fois la semaine, après dix-huit jours de séquestration, il put apercevoir sa toute dévouée femme et son enfant, pendant une demi-heure; j'ai dit apercevoir, car l'étroit espace destiné à servir de parloir pour ces entrevues entre les prisonniers et les personnes du dehors est disposé de façon à ce que l'on ne puisse s'atteindre de part et d'autre. Oui, l'on ne peut même pas se presser la main...; et de plus, quelque douces que soient ces visites, surveillées par des regards scrutateurs qui ne perdent aucun mouvement, épiées par des oreilles attentives qui ne laissent échapper aucun son, elles empruntent à ces circonstances un cachet de contrainte qui gâte ce qu'elles auraient de meilleur et de plus consolant, en comprimant la libre expansion des cœurs. Plus qu'un autre peut-être, Albert aurait eu besoin de cet échange de chaudes paroles qui relèvent l'âme et lui rendent toute sa vigueur, car malgré sa résolution, il avait à lutter contre un vague abattement dont il ne pouvait tout à fait se défendre. L'isolement produisait sur lui une fatale influence. Cependant la pensée de ses amis placés dans la même situation que lui et supportant bravement sans doute leurs communes tribulations, le soutenait et ranimait son courage. . . . . . .

. . . .

Enfin, le quarante-cinquième jour de détention préventive venait de commencer lorsque Albert fut mandé de nouveau chez le juge instructeur. La voiture cellulaire l'amena à la préfecture. Là, il fut placé dans un réduit noir, empesté, où une attente sans fin lui faisait regretter Mazas! Il y séjourna de neuf heures du matin à cinq heures du soir, respirant à peine, se cachant la vue à l'aspect des caractères hideux tracés par les damnés de la justice!... Son interrogatoire fut renvoyé au lende-

main; le lendemain, c'était le jour où devait venir
sa femme avec son enfant; il lui fallut se résigner
à ne les point voir et refouler avec amertume ce
surcroît de peine... Arrivé chez le juge d'instruction, il dut l'attendre plusieurs heures, après quoi
celui-ci lui représenta l'article concernant le maître fondeur. Albert avoua être le principal ré-
dacteur de cette pièce et en assuma toute la res-
ponsabilité.

— Tant pis! dit le juge, je vous plains d'avoir
la manie d'écrire; c'est une arme qui se tournera
contre vous, et pèsera de tout son poids dans la balance de la justice... Son jour approche... Ce n'est
pas ma faute si je n'ai pu en hâter la venue... Vous
êtes tous rebelles à la vérité... Il faut une patience
exemplaire pour pénétrer vos nuages de solidarité
coupable... Vous persistez à nier avoir donné l'ordre
de refus de travail?

— Oui, Monsieur.

— Comment expliquez-vous votre visite à l'honorable maître fondeur, qui allait jusqu'à oublier
ses devoirs politiques pour vous faire revenir à de
meilleurs sentiments, et vous détourner de mettre
à exécution vos menaces...

— Cette visite avait été provoquée par le maître
fondeur lui-même... Une lettre de sa part m'in-
vitait à m'y rendre..., mais aucune menace n'a été
faite...

— Vous avez cette lettre?

— Elle doit être chez moi.

— Vous la produirez à votre défense... Passons. Vous persistez à nier votre participation comme chef au délit de coalition ?

— Je maintiens n'avoir donné aucun ordre.

— Voulez-vous signer ?

— Non, Monsieur.

— Garde ! emmenez le délinquant.

C'était tout. L'explication avait été courte, mais elle avait suffi pour lui occasionner une double aggravation de peine : être relégué, près d'une journée, dans un recoin nauséabond de la préfecture, et surtout être privé de la vue des deux êtres qui lui étaient si chers.

XV

Il faut avoir passé par tous les préliminaires et les incidents d'une longue prévention, par toutes les phases et épreuves d'une instruction judiciaire pour se rendre compte des souffrances morales qu'eurent à éprouver ces honorables ouvriers, qui allaient se trouver tout d'un coup sur le banc d'infamie, entre des gardes indifférents, sous le regard de juges froids et impassibles, face à face avec le représentant de la société, qu'on eût dit en péril.

Mais ce n'était encore là que le prélude de cet épisode exceptionnel dans la carrière du travailleur. La scène principale approchait; bien avant l'ouverture de l'audience, se trouvant encore isolés dans la sentine policière attenante à la rue de Jérusalem, ils virent passer sous leurs yeux le triste spectacle de quelques scènes sociales où figuraient des apprentis voleurs, des vieillards vagabonds et des

filles perdus. Ils riaient presque tous, ces malheureux !

— Ce qui m'a fait *larmer*, disait un des enfants,
c'est la *dabe !* Pauvre vieille, va ! j'en ai que pour
deux mois ! et il se mit à fredonner un air des
rues.

— C'est le commencement du *durillon ! momac !*
disait une voix rauque... V'là dix-sept ans que je
roule...; j'aime pas Mazas, par exemple ! je vas
demander mon changement... — Ah ! la jolie petite... Vous pleurez, belle enfant..., pour combien
en avez-vous?...

— Six mois ! mon vieux ! répondait une jeune
fille qui passait en essuyant son front perlé de
sueur... Sois tranquille, ça se tire, ajouta-t-elle en
riant ! et elle rentra dans son cabanon.

Vingt autres parades de cette sorte défilèrent encore sous les yeux de nos prévenus, lorsque l'ordre
fut donné de les faire monter à leur tour au tribunal. Quelle vive émotion s'empara de ces vieux
compagnons d'atelier lorsqu'ils se revirent au bout
de deux mois de détention préventive ! On voulait
encore les séparer par une nombreuse escouade de
gardes; heureusement l'huissier s'empressa de dire :
« Laissez passer ces messieurs ! » Un regard de reconnaissance vint remercier l'homme de justice...
Comme ils s'embrassaient avec effusion en montant l'escalier, ces pauvres cœurs éprouvés ! Avec
quelle joie presque enfantine ils se revoyaient après
cette longue et solitaire séparation !

Ils se placèrent émus sur l'estrade des criminels, leurs yeux se portèrent avec empressement sur cette foule impressionnée par leur venue... Il y avait encore un moment de répit avant l'ouverture de l'audience; ce fut comme une vague bruissante de sentiments fraternels et sympathiques : femmes, sœurs, frères et amis s'élancèrent vers eux : ce n'étaient qu'embrassements et affectueux serrements de mains!...

— Le tribunal, Messieurs! chapeaux bas! dit tout à coup la voix de l'huissier.

Tout rentra dans le silence. Les magistrats prirent place avec une solennelle gravité... L'interrogatoire commença. Ensuite on appela les nombreux témoins; au nom du principal instigateur du procès, tous les yeux se fixèrent sur l'honnête industriel-législateur, dont on attendait la déposition avec une certaine impatience.

Nous devons dire préalablement que le président, mu par un sentiment d'équité, s'efforça de diriger, dans les formes les plus convenables, ce remarquable procès qui restera comme une page ineffaçable du règne imprévoyant de la monarchie soi-disant populaire.

Le maître fondeur, dans un récit où perçaient la haine et un semblant de commisération, en appela à la sagesse du tribunal pour mettre une digue aux exigences ouvrières. Albert ne fut pas épargné dans cette déposition. Le défenseur, homme de cœur et d'intelligence, s'empressa de démasquer la tactique dénonciatrice du témoin. L'un des prévenus demanda, par l'intermédiaire du président, s'il était connu du témoin.

Le maître fondeur cligna son œil fauve, et d'un air embarrassé répondit négativement.

— Comment se fait-il alors, réplique l'accusé, que précisément je me trouve dénoncé par vous comme l'un des plus ardents promoteurs de la cessation du travail dans vos ateliers?

Un bruit sourd et indigné parcourt l'auditoire. Le président le réprime aussitôt.

— Monsieur le président, ajoute l'accusé, j'ai voulu démontrer au tribunal que l'échafaudage d'accusation si bien dressé contre moi par le témoin ne repose que sur une calomnie, et que cette calomnie m'a fait subir deux mois de prison cellulaire...

— L'accusation, répond vivement le président, ne vous considère pas, heureusement pour vous, comme chef de coalition. N'avez-vous pas avoué vous-même l'abandon de vos travaux dans les ateliers du témoin?

— Oui, Monsieur le président.

— Après vous être concertés vous vous êtes tous retirés?...

— Permettez, Monsieur le président; selon mon droit individuel, j'ai refusé de continuer mes services à un patron chez lequel je ne trouvais plus de sécurité, je n'ai pas cru commettre en cela le moindre délit...

— Il y a délit selon la loi, répond sévèrement

le président, toutes les fois qu'une entente préalable amène la désertion générale d'un atelier.

— Mais, Monsieur le président, insiste l'accusé, je ne suis donc qu'un esclave sous la main d'un maître, à la merci de son caprice et menacé de la prison si je résiste à l'abaissement de mon gain journalier?

— Nous n'avons pas à faire ici un cours d'économie politique et sociale : vous êtes accusé de coalition pure et simple, renfermez-vous dans la défense du délit qui vous est imputé.

— Mais, Monsieur le président...

— Assez sur ce point... Huissier, appelez un témoin.

Presque tous ceux qui suivirent déposèrent en faveur des accusés; par exception, deux malheureux ouvriers affirmèrent que des menaces leur avaient été faites. Des dénégations énergiques partirent unanimement du banc des accusés. Albert eut même toutes les peines du monde à contenir son indignation; devant lui se trouvait un misérable escroc qui n'avait dû le maintien de son honneur qu'à sa charitable pitié. Dépositaire de fonds appartenant à une Société de secours mutuels, il avait oublié ses devoirs et frustré ses frères d'atelier; l'éloquence généreuse d'Albert l'avait seule sauvé de l'ignominie; l'autre témoin n'était qu'un ouvrier de rebut dont l'inconduite notoire ne méritait que le mépris.

Les dépositions terminées, il y eut suspension de

l'audience. Les mêmes marques de sympathie qui avaient accueilli les prisonniers à leur arrivée se renouvelèrent : chacun exprimait l'espoir d'une heureuse solution, le procès n'ayant donné lieu à aucun incident remarquable. Ce qu'il y avait de plus significatif, c'était la répulsion qu'inspiraient le maître fondeur mal à l'aise, et ses deux acolytes, l'un en blouse sale, l'autre à l'accoutrement sordide et au visage aviné ; tout le monde s'écartait d'eux avec un sentiment d'insurmontable dégoût.

A la reprise de l'audience, le procureur du roi porta la parole ; d'une voix ferme il demanda une répression sévère. « Il fallait, disait-il, mettre un frein à une prétention insolite foulant aux pieds tout ce qu'il y avait d'honorable et de sacré, la loi et le protectorat providentiel du maître ; qu'importe à ces hommes la violation de la loi et le désordre qu'ils sèment dans l'industrie ?... Messieurs, ajoutait-il avec véhémence, si les magistrats ne donnaient un avis salutaire à la classe laborieuse, par une répression exemplaire, la sécurité publique deviendrait un vain mot, la loi méconnue serait une loi morte ; mais nous, ses gardiens vigilants, nous saurons rappeler à son respect ; pour nous, c'est un devoir social, nous l'accomplirons sans faiblesse... Au surplus, quels sont ces hommes qui osent vous dire qu'ils se considéreraient comme esclaves s'ils ne pouvaient sortir d'un atelier à leur bon plaisir ! Ils auraient la prétention de dicter des ordres à un honorable patron ! ils iraient jusqu'à le

menacer d'une ruine complète par une cessation
de travail calculée, concertée! Cette conduite coupable ne leur suffirait pas! Vous avez entendu
ces honnêtes témoins, ces pauvres pères de famille,
qu'on voulait intimider pour les empêcher de gagner le pain de leurs enfants... Reviendrions-nous,
grand Dieu! à ces temps anarchiques où l'échafaud
était le piédestal de la force! Heureusement nous
sommes sous une monarchie où l'ordre public et la
liberté sont inséparables; et nous pouvons le dire
bien haut : Rassurez-vous, nobles fils de vos œuvres! jouissez en paix du fruit de vos travaux...
Nous avons été touchés de votre paternelle sollicitude lorsque, le cœur plein d'émotion, vous cher-
chiez à atténuer la culpabilité d'hommes convaincus d'ingratitude; mais la justice ne peut avoir
la sensibilité, quelque honorable qu'elle soit, d'un
père industriel..., la justice doit conserver toute
son impassibilité, par cela même qu'elle est la justice! Nous pourrions aller plus avant dans notre
sévérité, peser les actes de chacun des accusés :
pour quelques-uns, leurs aspirations révolutionnaires sont notoires; pour un autre, nous ne nous
arrêterons pas à rappeler une tache de sa jeunesse,
lui qui menait une vie immonde au milieu de gens
malfamés!... A quoi bon lui faire courber le front
sous la honte du passé? N'est-ce pas assez, Messieurs,
de représenter au tribunal que cet homme fut le
principal instigateur du délit que nous poursui-
vons... L'arrêt qui le frappera justement sera sans

doute pour lui un avis salutaire... Plus qu'un mot,
Messieurs, car nous avons hâte de terminer ces pénibles débats. L'ouvrier ne saurait prétendre à oublier ses devoirs; en le lui rappelant par un juste
arrêt, vous sanctionnerez cette noble parole de
notre bien-aimé monarque : « La prospérité crois-
« sante dont nous jouissons donne la première place
« à notre industrie nationale; cette prospérité est
« due aux bienfaits de l'ordre et de la paix! »
D'après toutes ces considérations, je persiste à
demander l'application rigoureuse de la loi. »

Le défenseur prit à son tour la parole : il tenait
en main l'une des causes les plus sérieuses de notre
temps; aussi l'abordait-il sans préambule de palais,
sa voix vibrante et convaincue invoquait un principe sacré, le droit de vivre qu'implique le travail.
Après avoir rappelé toutes les grandes commotions
industrielles et les lois impuissantes à les réprimer,
il fit un tableau saisissant d'un malaise général
dont l'évidence mettait à néant l'allégation d'une
prospérité toujours croissante! Débarrassant la
cause du terre-à-terre de l'accusation, il voulut
démontrer que ce n'était pas une lutte de quelques
accusés contre un parvenu heureux dont la liberté
et les intérêts seraient menacés, mais une véritable
question de salut social.

— Lorsque nous avons entendu, dit l'éloquent
avocat, le ministère public reprocher à nos clients
de s'opposer par le nombre à une mesure qu'ils considèrent justement comme essentiellement funeste

à l'intérêt général de leur industrie, nous avons vivement regretté cette mercuriale. Eh quoi! nous sommes coupables de délit en présence d'un homme qui rêve les projets les plus insensés, parce que nous refusons de coopérer à la consécration de notre ruine!... Nous lui disons : Vous êtes libre de prendre de toute main et à tout prix des malheureux... Votre fièvre spéculative va plus loin : Vous introduisez femmes et enfants, comme des machines humaines destinées à avilir nos salaires déjà si restreints ; votre droit à spéculer, nous vous le laissons tout entier, quoiqu'il devienne contre nous un instrument de misère, et vous osez appeler sur nous la répression, parce que notre échine se refuse à se courber sous le faix qui l'écrase, que notre dignité d'hommes repousse de toutes ses forces ! Vous auriez le droit de nous punir, parce que nous ne voulons pas servir d'auxiliaires aux calculs dévorants d'une impitoyable, —nous dirons plus,—d'une impolitique passion du gain dont nous sommes nous-mêmes les victimes ! C'est au moment suprême où l'on revendique si haut l'application du principe d'égalité, où les citoyens signent en foule des adresses aux législateurs pour leur demander l'abolition de tout privilége; c'est à ce moment qu'on osera donner le triste et navrant spectacle de laborieux et honorables travailleurs assis sur la sellette des criminels pour crime de lèse-spéculation ! Mais ce serait à désespérer de l'humanité et du progrès. Vous nous rappeliez tout à l'heure ces jours terribles de notre première émancipation, vous nous disiez que notre désir était de voir réapparaître ce piédestal ensanglanté. Non! non! ne nous calomniez pas! Nous voulons le droit égal pour le patron et pour l'ouvrier. Ne nous forcez pas à rappeler ces paroles du Psalmiste : « Ils ont des oreilles pour ne point entendre, des yeux pour ne point voir, » et, ajouterons-nous, des pieds qui se refusent à marcher résolûment vers le progrès, et des mains qui n'osent toucher la plaie béante de la misère! Ah! je l'affirme, parce que j'en suis profondément convaincu, le dix-neuvième siècle se rendrait coupable d'un déni de justice si à l'heure présente on devait encore invoquer l'application d'une loi qu'on pourrait regarder comme un dernier vestige de servitude.

Ne voyez-vous pas que la nation française, l'émancipatrice généreuse des peuples, se sent monter la rougeur au front lorsqu'elle vous entend demander le respect d'une loi virtuellement abrogée au nom de la liberté et de l'initiative individuelle qu'on proclame si haut lorsqu'il s'agit de protéger les intérêts des grandes notabilités financières? Ne sentez-vous pas de toute part l'influence de cette bienfaisante liberté fille du ciel et mère de la régénération politique et sociale? Et vous invoquerez contre les travailleurs des textes de vieille date qui semblent leur dire : « Pour vous il n'y pas de place au droit!... »

Le président interrompit le défenseur.

—Nous ferons remarquer à la défense que la loi sur les coalitions existe et doit être respectée; en outre, prétendre que l'ouvrier n'a pas de place au droit, c'est oublier notre pacte fondamental, la charte. Nous vous engageons donc à vous renfermer dans l'examen des faits de la cause : il s'agit d'un délit et pas d'autre chose...

—Je demande pardon à M. le président, malgré moi je me laissais entraîner par la perspective d'un avenir meilleur...; je pensais que revendiquer la liberté pour tous était la suprême loi... Nous discuterons le délit purement et simplement.

Des hommes de cœur, —je ne crains pas de le dire, — voient avec amertume un chef industriel, honorable sans doute, puisqu'il représente une fraction de la puissance politique du pays, leur opposer une concurrence désastreuse par des moyens exceptionnels, le travail des prisons, comme s'il n'avait pas assez d'une armée de femmes et d'enfants. N'a-t-il pas réfléchi, dans ce dernier cas, aux tristes conséquences qui pouvaient résulter de l'emploi de cette source vive de notre corps social, car il est reconnu que la femme devient inféconde au travail empoisonné de la typographie; les statistiques médicales en font foi, la science le constate; l'enfance s'étiole... Qui ne serait ému à la pensée de ces tendances déplorables? A moins que nous n'en soyons arrivés à vouloir supprimer le trop-plein de la population, suivant de monstrueuses doctrines, honte de notre époque. «Pour-

quoi, en effet, la femme se marie-t-elle, qui la
force à devenir mère!... les religieuses ne sont pas
sujettes à cet inconvénient!... » Cela a été dit,
Messieurs, cette page dénaturée est acquise à
l'histoire, elle y restera comme un stigmate de la
cupidité sans trêve, ni merci, ni pudeur..., car ce
sont les paroles d'un maître !

Nous terminons pour ne pas fatiguer la bienveillante attention du tribunal; nous soutenons que
l'ouvrier a le droit, que c'est même pour lui un
devoir de dire : « Je ne veux pas servir d'instrument quand même à une prospérité de mauvais
aloi; je revendique la libre disposition de mon intelligence et de mes bras... Si la fortune te rend
superbe, ô homme, nous pouvons te prouver que ta
puissance est vaine! Nous sommes la richesse et la
force productrice de la nation, notre résolution est
prise, nous ne marcherons pas dans la voie de misère
où tu t'es proposé de nous plonger... Nous ne voulons te sacrifier ni notre dignité ni notre liberté. »

Si jusqu'ici le travailleur n'a pas recueilli l'héritage des révolutions accomplies, c'est qu'un nuage
de routine obscurcissait sa vue : ce nuage est dissipé; le nouveau Lazare répond et ressuscite à la
voix de Dieu, c'est-à-dire à la lumière du progrès.

Nous avons le ferme espoir, Messieurs, que bien
inspirés par votre conscience, vous n'ajouterez pas
une nouvelle peine à une dure prévention de deux
mois que viennent de subir ces hommes honnêtes
et laborieux; ce serait faire entrer le doute dans

leur âme, et le doute c'est la mort, la mort des individus comme la mort des nations.

J'ai une foi entière dans la justice de la cause que je plaide devant vous, comme j'ai le ferme espoir que le tribunal absoudra les clients que j'ai l'honneur de défendre.

Le renvoi à huitaine fut ordonné; au bout de ces huit jours un arrêt longuement motivé condamnait Albert à un an de prison, et ses compagnons à six mois de la même peine, à l'amende, et solidairement aux dépens.

Cet arrêt sévère fut loin de ramener le calme dans l'industrie typographique; il s'en suivit au contraire de sourdes haines, des malédictions, qui contribuèrent, dans leurs limites, concurremment avec tant d'autres éléments hostiles, à saper par la base le trône de Juillet.

Une année de prison! tel était le partage d'Albert... Supporterait-il avec résignation cette chaîne... loin de ses affections?... La prison est presque toujours un dissolvant pour le corps; mais l'âme s'y ulcère plus vite encore. La détention cellulaire effrayait particulièrement Albert. Toutefois, au bout de quelques jours, lui et ses compagnons furent dirigés sur Sainte-Pélagie.

Ils se trouvèrent une dizaine de détenus dans une chambrée; les hôtes adjoints aux six ouvriers n'étaient pas d'une moralité exemplaire; les avait-on choisis? il nous répugnerait de le croire.

Peu à peu, on se créa des distractions : des cartes furent dessinées avec adresse par l'un des prisonniers, un damier fut bien vite crayonné; un jeu de dominos, des dés furent fabriqués dans une perfection rare, avec de la mie de pain, de ce pain de prison malléable comme la terre glaise, et pouvant servir à toutes les fantaisies artistiques...; ce n'est pas sa moindre qualité.

Parmi les quatre détenus se trouvait un homme taré, riche, et que ses déprédations commerciales avaient rendu célèbre. Ses largesses provoquaient les hôtes de la prison à la démoralisation et à l'abrutissement par le vin et le jeu.

Une fois par semaine, Jenny rendait visite à son mari; elle s'appliquait de toutes les forces de son cœur à relever son courage, lui représentant la perspective d'une prochaine délivrance, de l'estime de tous les honnêtes gens, et par-dessus tout la pensée de leur cher enfant. Mais le caractère d'Albert s'aigrissait; son irritation venait de ce qu'il se croyait injustement condamné, et l'équilibre de son âme sombrait dans de fréquentes colères... Il maudissait hommes et choses dans ses imprécations. Parfois il se prenait à sourire de son dévouement..., et se raillait même avec amertume dans ses nuits sans sommeil. Les paroles et les lettres de sa femme le laissaient presque indifférent.

Le suicide moral menaçait de s'accomplir!

XVI

RETOUR ET DÉCOURAGEMENT

Après cette longue détention d'une année, Albert rentra dans sa demeure... Jenny le reçut comme un naufragé qui a échappé après mainte tempête aux fureurs de l'Océan.

Mais dans la pauvre famille la misère avait fait place à l'abondance ; quelques secours étaient venus pendant plusieurs mois adoucir la pénible situation de Jenny ; dès lors, le désarroi complet des ouvriers fondeurs, par suite de menées policières, l'avait forcée à ne compter que sur ses seules ressources. Elle avait travaillé de toutes ses forces, la courageuse femme; sans qu'une plainte effleurât ses lèvres.

Il y eut dans l'âme de Jenny une joie si vive et si profondément sentie à l'arrivée de son mari qu'à l'instant même sa pauvre demeure se trouva toute transformée.

— Ah ! s'écria-t-elle, j'allais désespérer de Dieu comme j'ai déjà douté de la bonté et de la justice des hommes !... Mais te voilà, mon Albert chéri ! tout est oublié... Je suis heureuse... bien heureuse...

Elle sanglotait, car son cœur secouait ses douleurs accumulées en même temps qu'il débordait de tendresse.

Lui, de son côté, ne pouvait maîtriser son émotion en voyant ce pauvre foyer témoin de deux années de vrai bonheur, et subissait le charme d'un attendrissement dont le séjour de la prison semblait avoir tari les sources.

Pourrions-nous dépeindre les doux embrassements de ces deux êtres éprouvés après une année de séparation ?... Non, ce serait presque une profanation ! Ne troublons pas leur bonheur.

— Mon enfant, où est mon enfant ! dit aussitôt Albert.

Il vit un petit garçon se cachant avec crainte et pleurant en voyant pleurer sa mère. Il le prit dans ses bras et voulut l'embrasser. L'enfant frémissait et criait ; le visage pâle et amaigri de son père, sa barbe et ses cheveux presque incultes lui faisaient peur.

— Ah ! dit Albert avec amertume, mon enfant ne me reconnaît plus !

Il s'arrachait les cheveux ; des larmes brûlantes inondaient ses joues...

— Viens !... viens, dit aussitôt Jenny à l'enfant,

viens, mon Albert chéri, c'est ton père bien-aimé...,
celui pour qui tu disais matin et soir au bon Dieu,
en croisant tes petites mains : « Mon Dieu! conser-
vez la santé à papa! donnez du courage à maman! »
Tu sais, ta bonne prière..., mon doux trésor! n'aie
pas peur, mon chéri...

Et le visage de l'enfant commença à s'épanouir.
Le pauvre petit se remettait de sa frayeur à force
d'affectueuses caresses; relevant de ses mains
mignonnes les cheveux de son père, il l'embrassait
sur le front et sur les yeux pour tarir ses pleurs!

Plusieurs jours après, Albert se remit au travail.
Mais les influences de l'incarcération ne tardèrent
pas à se faire sentir; il se trouvait envahi par ce
découragement invincible qui avait tué son énergie et son activité. Il cherchait bien à secouer
cette torpeur qui engourdissait son âme; mais il
lui semblait qu'en rentrant dans l'atelier chacun
raillait son sacrifice. A vrai dire, il y a de ces
monstres d'égoïsme pour qui le dévouement est
un non-sens. Plusieurs fois Albert eut à subir leur
souffle empoisonné; ces hommes, presque toujours
l'opprobre de leur métier, lui disaient :

— A quoi bon te tuer au travail!... tu ne roule-
ras jamais carrosse... Viens avec nous, Albert, le
vin console et noie le chagrin... Viens!...

Albert résista longtemps; mais au bout d'un certain temps les anciennes habitudes laborieuses s'en
allèrent; il cédait à cet enivrement redoutable qui
traîne à sa suite l'abjection.

Jenny s'en apercevait à son humeur impatiente, à ses paroles saccadées, à ses rires insultants lorsqu'elle pleurait et le suppliait timidement de revenir à son serment de la rendre heureuse.

Dans l'espace de deux ans elle avait été appelée de nouveau à devenir mère ; mais le fruit de ses entrailles s'était éteint par suite de privations douloureuses et de fatigues impuissantes à ramener le bien-être sous son toit.

La pauvre femme, à bout de ressources, écrivit la vérité à son frère. Celui-ci se hâta d'accourir. Le soir même de son arrivée Albert rentrait l'œil hagard, le sourcil froncé; sans prendre garde au nouveau venu, il s'avança vers sa femme et lui dit d'une voix avinée :

— Pourquoi m'attendre? Tu te plains de ne pas avoir le sou et tu brûles inutilement de la chandelle.

Albert trébucha en s'avançant pour éteindre la lumière.

— Albert! dit le frère de Jenny d'une voix émue devant ce triste spectacle.

— Tiens, c'est toi... — L'ivrogne eut comme un éblouissement, puis il fit quelques pas pour sortir, et mettant la main sur la serrure : — Pas de sermon, bonsoir !

Jenny, à qui l'indignation donnait de la force, lui prit le bras, et l'amenant vers le milieu de la chambre, s'écria :

— Il est temps que mon martyre cesse ! Malheureux..., j'ai supporté la misère, une misère affreuse, parce que je me disais : Pardonnons-lui, il a tant souffert ! J'ai enduré la faim... Oui, mon frère, la faim ! pour garder à mon pauvre enfant les quelques restes de nuits passées dans l'orgie !... La mort est préférable à ces tortures de chaque soir, lorsque je vois cette innocente victime pleurer et me demander du pain ! Oui, misérable et sans cœur, ton enfant, par ta lâcheté, entends-tu bien, ton enfant meurt de faim !... Il faut que je subisse, par ta défaillance criminelle, et que je bénisse même de pauvres voisins qui viennent partager leur pain avec ta femme et ton enfant, car je ne puis plus travailler puisque je suis toujours malade... Et voilà plus d'un an, mon frère, que cet homme mène cette vie de lâcheté et de bassesse !

— Jenny ! Jenny ! Malheur à toi, cria l'insensé, et prenant une chaise il la brandissait au-dessus de la tête de sa femme.

Le frère de Jenny avait un poignet vigoureux ; étreignant Albert, il lui arracha la chaise, et malgré les efforts d'une ivresse courroucée, Albert sentit une sueur froide le gagner, lorsqu'il se vit comme dans un étau de fer et qu'il sentit que ses membres craquaient sous la pression de la force et de l'indignation.

Un élan de pitié sublime sortit de la poitrine de Jenny, c'était le dernier cri du courage vaincu.

— Ah ! mon frère..., grâce ! grâce pour lui !... c'est mon mari !...

Elle tomba évanouie.

L'enfant dormait, il se réveilla au cri de sa mère; nu, tremblant, voyant son père terrassé, sa mère mourante, il cria au secours, ouvrit la porte, et quelques voisins entrèrent précipitamment dans la chambre.

D'un seul regard, le frère de Jenny contint tout le monde.

—Ne craignez rien, dit-il, je ne me déshonorerai pas à châtier un pareil bandit!... Emmenez seulement cet enfant, âmes compatissantes, vous qui l'avez si humainement secouru; emmenez-le, malgré ses cris; il ne faut pas le rendre témoin de l'avilissement de son père.

On emmena l'enfant.

—Allons, debout, honnête père et mari; n'as-tu donc de courage que pour assommer une femme malade!...

Albert se rédressa par une violente secousse.

— A genoux! maintenant... pour demander pardon à cette femme que tu ne reverras jamais!

Albert tomba sur les deux genoux, son ivresse était devenue de l'hébétement. — Les voisins relevèrent le corps inanimé de Jenny.

— Pars maintenant! Ma pauvre sœur sera désormais à l'abri de tes outrages...; va-t'en! va-t'en! te dis-je..., car en pensant à ta lâcheté, je ne saurais répondre de ma colère!

Albert fut chassé de la chambre à la satisfaction des témoins de cette scène,

XVII

RENCONTRE

Albert courut comme un insensé; il se trouvait sur les hauteurs des fortifications, dans la direction de Vanves, lorsque les dernières vapeurs de l'ivresse se dissipèrent. Un instant, son œil mesura la hauteur des murailles; l'idée d'en finir avec sa triste vie traversa son esprit.

Mais riant tout à coup d'un rire où perçait la rage, il se dit à lui-même :

— Cela ferait trop bien leur affaire... Comme ils seraient contents, je les débarrasserais !

Les premières lueurs de l'aube apparurent. Albert se roula sur l'herbe humide, il voulait éteindre le feu intérieur qui le dévorait. Il se prit à rire et à chanter :

> Vive le vin !
> Vive ce jus divin !...

Une tête se leva du milieu des herbes déjà hautes, appuyée sur deux poings fermés.

— Est-ce que le domicile des gueux serait troublé par un ignoble pochard!... Ah! Bébert! dit la voix en reconnaissant le mari de Jenny.

— Tiens! tiens!... Chabirod... Je ne t'ai pas vu depuis la correctionnelle... Que fais-tu là?

— Je pourrais te faire la même question, mon vieux, mais je suis moins curieux que toi. Je te répondrai : qu'après avoir goûté de toutes les félicités nocturnes jusqu'au domicile à la corde, je me contente d'admirer la nature. Je me reposais mollement sous ce splendide baldaquin étoilé, qu'un poëte malheureux a si bien défini par ce beau commencement de vers :

> Ciel! pavillon de l'homme!...

lorsqu'une voix se fit entendre...

— Tu vagabondes, à ce que je vois? dit Albert en s'asseyant près de cette vieille connaissance qu'il venait de rencontrer d'une si singulière façon.

— Un peu, mon cher! Je suis libre : je n'ai ni femme ni enfant; par-dessus tout, je ne ruine pas ma santé aux exhalaisons fétides du régule d'antimoine, je n'ai pas à subir le caprice d'un mauvais maître; les six mois de l'année passée me restent sur le cœur... Vrai, j'en ai assez!

— Ne risques-tu pas la prison pour vagabondage?

— Oh! j'y mets des formes! jusqu'à présent je

suis salué de Messieurs les gendarmes... Ils savent
que je suis une illustration littéraire et chantante,
et comme je sais les faire rire par mes gaudrioles,
ils sont désarmés! Bien souvent de vieux amis de
fourneau me donnent une franche poignée de main;
Chabirod chante Bacchus, mais il savoure le jus
de la treille sans en abuser... Aussi je refuse d'aller trop loin, je n'aime pas à rentrer tard dans mes
propriétés de la rive gauche; tour à tour, je visite
Meudon, Verrières, Fontenay-aux-Roses, Clamart,
Châtillon; j'ai pour compagnons de chambrée les
heureux oiseaux..., je suis loin de m'en plaindre!...
Le chasseur peut les tuer, un gendarme m'empoi-
gner; ils ont l'œil vigilant, j'ai le flair subtil : à la
garde de Dieu!

Celui qui parlait ainsi était une de ces natures
découragées que, par malheur, on retrouve trop
souvent dans les masses populaires; dégoûté des
vicissitudes de sa condition et d'un gain trop souvent disputé, il avait usé sa première jeunesse aux
aspirations de l'affranchissement du prolétariat;
soldat de la démocratie, Saint-Merry avait vu son
sang rougir le pavé. Par un hasard providentiel,
il avait été recueilli par une vieille marchande de
la Halle, un peu avant la prise de la barricade, et
par un hasard non moins grand, aucunes poursuites judiciaires n'étaient venues l'inquiéter. Guéri
et reconnaissant, il travailla à récompenser la générosité de cette bonne vieille femme, devenue presque aveugle, et qui fût tombée dans la dernière

détresse s'il n'avait été là pour lui venir en aide.
Quelque temps après, la mort emporta celle qu'il
regardait et vénérait comme une mère. — Il n'avait
pas connu la sienne. — Souvent on le voyait le
dimanche s'acheminer vers le cimetière Montmar-
tre; il allait porter une fleur sur une tombe et
verser une larme à ce bon et doux souvenir de la
femme du peuple !

Lors de l'affaire de la fonderie parisienne, il fut
impliqué dans les poursuites judiciaires et se trouva
au nombre de ceux qui furent condamnés à six
mois de détention. A sa sortie de prison, le travail
d'atelier lui répugna; il erra à l'aventure, crayon-
nant des chansons populaires. Atteint de la folie
poétique, si l'on peut ainsi parler, il se trouva en
communion d'idées avec Hégésippe Moreau, La-
chambeaudie, Gilles, Gustave Leroy, Savinien
Lapointe, et quelques autres encore.

A partir de ce jour, les trois quarts de l'année seront
à lui; il chantera les bois et les prairies, les oiseaux
et les fleurs, l'orage et la solitude... il dédiera ses
chants à la classe ouvrière; pour toute satisfaction
personnelle, quelques exemplaires de ses produc-
tions lui seront remis. Il n'aura sur son corps ni
luxe ni livrée dégradante, mais une blouse bleue,
un pantalon de toile, une chemise toujours blanche; sa tête nue portera des cheveux longs séparés
sur le milieu du front; une barbe soyeuse et grison-
nante cachera la moitié de son visage; mais un front
large, des sourcils bien arqués, des yeux vifs et pé-

nétrants dénoteront l'intelligence et la résolution de cet homme, portrait-type du vagabond de Béranger, moins les haillons.

— Et toi, dit le vagabond-poëte s'adressant à Albert, travailles-tu?

A cette apostrophe, Albert balbutia sans répondre.

— Ah! je vois... Tu as passé la nuit à faire bombance, et comme ces lépreux d'un autre âge, tu viens demander à la rosée de laver tes souillures!...

— Je suis renvoyé de l'atelier.

— La guerre continue donc...

— Non; je ne puis plus travailler...

— Serais-tu aussi un compagnon des Muses?...

— J'ai besoin de boire pour oublier mes chagrins...

— Ivrogne! pouah! je sors d'en prendre... Mais, j'y pense, tu es marié...

— Oui, répondit Albert; j'ai même un garçon de quatre ans.

A ce moment, il poussa un profond soupir.

— Et tu te *soûles!* dit Chabirod avec une véritable indignation, et tu ne travailles pas, *fainéant!* Adieu! je ne suis pas ton ami!

Le vagabond se leva fier et dédaigneux. — Chabirod allait abandonner Albert lorsque celui-ci, le prenant par sa blouse, l'arrêta.

—Oh! oui, cela est vrai...,je suis un malheureux; mais si tu savais combien de temps j'ai lutté contre les misères et les maladies qui sont venues nous assaillir coup sur coup... Je me suis laissé abattre au lieu de résister, c'est une faute que tout à l'heure je voulais expier par ma mort!...

— Ah! que c'est gentil, un suicide!... Victor Escousse et Lebras, avec cette manière de voir, n'ont fait qu'un chef-d'œuvre, *Farruck;* peut-être auraient-ils été la gloire de leur génération!... Le suicide, vois-tu, mon garçon, c'est le vol au bon Dieu qui vous a créé. Il y a des poëtes qui le chantent; moi je le flétris comme une désertion devant l'ennemi.

— Mais, je te le répète, la vie d'atelier m'est impossible.

— Il n'y a que le vin qui passe, c'est entendu... Allons, Albert, tu n'as pas mon étoffe pour résister à tes passions; un jour tu te feras honte à toi-même; s'il en est temps encore, je t'en conjure, rentre dans ta famille; rachète tes fautes par un courage héroïque; écoute la voix de ton ancien compagnon. Je devrais prêcher d'exemple; mais, moi, je n'ai ni femme, ni enfant, je suis libre!... Je veux te remettre aux mains de ta compagne, aux caresses de ton fils; la mère, l'épouse pardonnera..., viens!

Albert se laissa conduire comme un enfant. Ils descendirent la route qui conduisait à la demeure de Jenny, située au village de Plaisance. Chemin faisant, Albert portant la main à son gilet y trouva une pièce blanche, épave oubliée de l'orgie de la veille. Il passait, en ce moment, devant le *Moulin de la Vierge*, où plus d'une fois, sous le berceau rustique, il avait pris un gai repas de famille et d'amis.

— J'ai soif! viens boire.

Chabirod le regarda avec pitié.

— Le pli est pris, on ne fera rien de toi... Je refuse, et te dis adieu! Va boire seul, si tu veux... Je t'abandonne à ton malheureux sort!

— Je te jure que ce verre d'amitié sera le dernier pour clore ma triste vie..., dit Albert en retenant Chabirod... Je te le jure sur ma pauvre et bien-aimée Jenny, sur mon enfant!

— J'accepte alors... Que ce verre soit le baptême de ta régénération; c'est, foi de Chabirod, mon vœu le plus cher!

Albert but à longs traits un grand verre de vin, puis sortant avec son compagnon, il lui secoua fortement la main.

— J'en ai fait le serment, dit-il, tu verras si Albert saura tenir sa parole...

— Ça s'est vu... J'ai connu un vieux sacripant du nom de Toussaint qui avait traîné vingt-cinq ans ses guêtres au quatre coins de l'Europe jusqu'à Waterloo; rentré dans ses foyers, un verre de vin lui fit insulter une femme... Eh bien, il pleura, le vieux dur à cuire, lui demanda pardon à genoux devant tout le monde, jurant de ne boire que de l'eau le restant de ses jours... Il a tenu vingt ans, rien que ça! — tu vois que ça ne fait pas mourir plus vite. — Étant bien malade par la faiblesse de l'âge, ses voisins lui apportèrent un verre de vin chaud et sucré pour le réconforter; il prit le verre de sa main défaillante, le brisa avec indignation, en disant : « C'est au moment de paraître devant mon immortel général que vous voudriez me faire trahir mon serment! Le Père éternel serait là, que je lui dirais : « Va te... promener! » Et il expira le pauvre vieux, le sourire sur les lèvres, glorieux de ses vingt années d'expiation! Tu vois qu'un serment peut se tenir!

Albert arrivait au seuil de sa demeure.

— Va! va! dit Chabirod, je te suis... et te réponds que ta pauvre femme sera heureuse de connaître le serment que tu m'as fait.

En entendant des pas, une voisine ouvrit sa porte, et reconnaissant Albert, elle rentra chez elle, prit la clef que Jenny lui avait remise, et la lui tendit avec un geste de mépris sans lui adresser une parole.

Albert ouvrit en tremblant, tout était en ordre dans le ménage.

Quelques mots, écrits à la hâte, se trouvaient mis en évidence sur un meuble; il les lut avec anxiété.

« Mon bon frère, disait cette lettre, exige que je vive pour notre enfant; il m'emmène, Albert, dans sa famille, près de mon père dont il est le seul soutien, pour rétablir ma santé affaiblie par les cha-

grins et la misère! Si tu ne peux revenir aux devoirs d'époux et de père, ne compte plus revoir ta
malheureuse Jenny, qui t'a aimé cependant de
toutes les forces d'une âme dévouée, et à qui deux
ans d'amour sincère avaient fait oublier quinze ans
de douleurs!

« Adieu, ta JENNY qui t'aime encore! »

Albert s'affaissa en pleurant; Chabirod n'aimait
pas les situations larmoyantes.

— Si tu es un homme, dit-il à Albert, c'est l'instant de le prouver... Répare le mal que tu as fait,
et les roucoulements d'amour ramèneront la tour-
terelle abritée contre l'orage marital.

— Mais seul! abandonné, qui soutiendra mon
courage?...

— Moi, Albert, je viendrai te rendre visite; sois
tranquille, tu ne me tromperas pas..., j'y vois
clair!

— Si tu restais avec moi.

— Nenni! Et mes oiseaux, mes prairies, mon
beau ciel étoilé!... Tiens, je veux te recommander à
un bon camarade d'autrefois; c'est un digne patron,
tu gagneras ta vie chez lui; cent fois il m'a offert
de reprendre le fourneau..., j'ai refusé; mais il
t'acceptera de ma main.

Chabirod prit un morceau de papier et sortit
un crayon d'un carnet gonflé de feuillets volants.
Après avoir écrit quelques mots, il dit à Albert :

— Si tu veux vraiment redevenir honnête homme

et travailleur, je le saurai. Adieu, mon vieux, et bon courage!

Chabirod sortit, aspirant largement l'air du ciel, car il commençait à étouffer pour avoir été claquemuré quelques minutes dans une chambre.

XVIII

RÉSOLUTIONS

Le frère de Jenny était un homme énergique; sa détermination bien arrêtée, il dit à sa sœur :

— Viens, ma Jenny... Ne restons pas plus longtemps ici; tu y as trop souffert. Laissons à ce malheureux le chétif mobilier; il éloignera peut-être pour lui le jour du déshonneur. — As-tu quelques dettes, pauvre sœur?

— Non, frère, dit Jenny en pleurant; montres et chaînes, et jusqu'à mon anneau nuptial sont au Mont-de-piété! Rien, il ne me reste rien de notre aisance passée...

Cherchant un portefeuille, elle en tira quelques papiers de famille, dans la pensée qu'ils pourraient servir à son malheureux époux, mais elle eut soin d'y laisser les reconnaissances, ces témoins muets des luttes incessantes que la pauvre femme avait eues à soutenir.

7

— Viens, ma sœur, tu aideras ma femme lorsque je serai obligé de faire ma tournée d'automne comme poêlier-fumiste... Je n'ai pas d'enfants, j'adopterai le tien ; je n'aurai pas de peine à valoir son mauvais père.

— Ah! laisse-moi du moins lui dire un dernier adieu!

Et l'âme navrée, le cœur plein de larmes, Jenny écrivit à Albert cette lettre qu'il aperçut en rentrant chez lui.

Prenant alors son enfant entre ses bras, elle suivit son frère, non sans regrets... Jenny se reprochait sa précipitation, elle se rattachait à l'espoir de voir revenir Albert pour le supplier et l'entendre promettre de redevenir un époux aimant, un père dévoué.

Une voiture passait, Jenny et son enfant y montèrent, puis le frère donna l'ordre au cocher de les conduire au chemin de fer de Lyon.

Le premier train les reçut.

Albert, seul, désolé, parcourait la chambre déserte ; son visage ruisselait de larmes et d'une froide sueur.

— Chère Jenny! disait-il, tu m'aimes encore malgré ma conduite infâme!... oh! va! je saurai expier mon crime...; tu verras, pauvre amie, si mon cœur était parjure! Ma lâcheté a été cause de mon avilissement..., de faux amis m'ont entraîné...;

mais si j'ai tenu une conduite indigne, je le jure, je réparerai mes fautes! Vivre sans toi, ma Jenny bien-aimée, c'est impossible!

Il vit son visage dans un petit miroir suspendu au-dessus de la cheminée, il recula d'épouvante : ses traits lui apparaissaient portant déjà le stigmate de son inconduite, ses chairs se violaçaient.

S'étant rafraîchi la figure par une ablution abondante, Albert prit une chemise blanche, rapiécée, il est vrai; mais cette pauvre chemise faisait honneur à la femme, à l'épouse, amoindrissant par un travail de patience la trace de misère qui s'étend si vite sur un ménage en désarroi. Vêtu convenablement, Albert sortit comme transformé, se dirigea aussitôt vers l'atelier de la rue de la Bourbe, et présenta au maître fondeur le billet de Chabirod.

Albert fut immédiatement admis à un fourneau. Quelques ouvriers, le connaissant, chuchotèrent à mi-voix sur son inconduite, en disant :

— En voilà un qui n'avalera pas tout le plomb fondu!...

L'époux de Jenny comprit leur demi-sourire, et sans sourciller se mit à l'œuvre. Nous l'avons dit, c'était un habile ouvrier; huit jours durant, le maître fondeur put apprécier sa capacité hors ligne. Le lundi, vers midi, Albert fut invité à venir déjeuner avec ses anciens camarades; il refusa froidement.

La détermination de rompre avec des habitudes

vicieuses est très souvent l'objet de railleries impitoyables dans un atelier; c'est un fait pénible à constater, mais il est malheureusement trop vrai. Est-ce pour exciter au mal ou par jalousie d'une bonne conduite? Pas le moins du monde. Les ouvriers laborieux et tranquilles sont toujours et quand même respectés. Seulement, dans la vie ouvrière on ne croit pas aux conversions subites; c'est un tort sans doute; mais cela est. Le scepticisme politique a malheureusement déteint sur le moral; et si par hasard on voit un homme se transformer en sage, du jour au lendemain, on escompte aussitôt le temps de sa résolution, parce que l'échéance de la rechute est regardée comme inévitable. Il est si rare de voir un homme rejeter courageusement son passé mauvais et revenir au bien, qu'un atelier devient impitoyable aussitôt qu'une sagesse factice fait place au manque d'ordre et de conduite; ce ne sont plus que risées sans fin, et le malheureux qui en est l'objet doit non-seulement se courber sous le poids de sa faiblesse, mais encore sous l'avalanche de ces impitoyables railleries. Aussi lorsque quelques-uns des ouvriers fondeurs revinrent un peu échauffés par un repas de plusieurs heures, les plus hardis chantèrent en chœur l'air de *Cendrillon*:

Ça ne durera pas toujours!

Albert restait fort et fidèle à ses résolutions. Le

soir il rentrait après sa journée, prenait une plume, et sur un cahier à ce destiné, écrivait la situation de son cœur, le journal destiné à sa chère Jenny. Au bout d'un mois, il envoyait à son beau-frère une somme de 100 francs, afin, disait-il, de le dégrever des frais qu'un mari seul doit supporter pour remplir son devoir de père et d'époux. Ce langage, cette fermeté surprirent au plus haut point le frère et la sœur. Deux autres mois se succédèrent avec l'envoi de la même somme et l'expression des mêmes sentiments.

Pendant ce temps, le frère de Jenny prenait des informations : il savait qu'Albert travaillait avec ardeur, qu'en un mot sa conduite était celle des premiers temps de son mariage.

Jenny brûlait d'écrire à son mari; son frère l'en empêcha.

— Attendons encore, lui dit-il; s'il est l'homme que tout annonce, et ses soins constants et sa persistance au travail, il parlera; crois-le bien, chère sœur, tout autant que toi, j'ai hâte de retrouver en lui un frère, et, comme toi, de l'embrasser.

Le quatrième mois, un homme s'arrêtait devant la boutique du poêlier-fumiste, une petite valise à la main : c'était Albert.

— Jenny! Jenny! s'écria-t-il en voyant sortir sa femme de l'arrière-boutique, et il se précipita dans ses bras !

— Mon Albert!

Ils se tinrent longtemps embrassés, les deux pauvres cœurs en deuil, dont l'un priait sans cesse avec ferveur depuis quatre mois, tandis que l'autre se retrempait aux sources vivifiantes du travail, domptant avec courage la tentation et les propos railleurs !...

Le frère de Jenny rentrait au même moment, tenant à la main le fils d'Albert qui ne voulait jamais quitter son oncle d'une minute, ou se mettait à pleurer.

Le poêlier-fumiste tendit une main amicale au mari de sa sœur, et lui dit d'une voix émue :

— Si tu es un homme, touche là..., tu retrouves la main d'un frère !

— Albert ! mon Albert est l'époux de mes deux belles années !... ah ! je le vois dans ses yeux, dans ses larmes, je le sens au battement de son cœur. Oui, c'est bien lui !

Et la pauvre petite femme embrassait son mari avec effusion.

— Je voudrais, dit Albert en tendant à son frère la main de réconciliation, je voudrais effacer cette honte de ma mémoire ; oui, frère, la racheter au prix de mon sang. Je te le jure, Jenny, je m'efforcerai, par mon amour ressuscité, de te donner des preuves certaines que toute misère est éloignée de nous à jamais !

— Tant mieux, dit le poêlier. Alors embrasse ton fils, et qu'il soit l'indissoluble trait d'union de votre félicité.

Il éleva l'enfant sur sa forte main.

— Je veux bien embrasser papa, dit le petit garçon, mais qu'il ne fasse plus pleurer maman!

Tous les trois sourirent à cette repartie enfantine. — Le cri instinctif qui part du cœur de l'enfant est souvent plus sérieux que toutes les belles
phrases des hommes.

Un bon repas de famille ramena la sérénité sur
tous les visages. Le soir, dans la chambre de
Jenny, Albert ouvrit sa valise. Les chers bijoux des
temps prospères s'y trouvaient..., puis un petit
cahier, écrit finement, qui relatait, jour par jour, le
combat de ces quatre mois, ses résistances, ses privations, les visites de Chabirod, ses encourage-
ments...; plus d'une fois le jeûne se trouvait
inscrit sur ce livre, et ces endroits-là contenaient
des idées si élevées qu'elles ressemblaient, par leur
éloquence, aux paroles mystiques d'un autre âge.
Ce n'était pas l'amour de Dieu, mais un culte,
une adoration sans limite envers sa créature,
envers cette femme qui avait tant souffert dans
son délaissement. Jenny était émue et comme
enivrée de ce parfum d'amour et de régénération.
Pour clore dignement son œuvre, Albert présentait
à sa femme de nouvelles épargnes qui défiaient
quelques mois d'adversité.

Deux jours après, Albert et sa femme reprirent
la route de Paris. Cédant aux vives instances du
fumiste, ils lui laissèrent leur fils pour quelque

temps. L'enfant, de ses petites mains, leur dit adieu en souriant, mais en se cramponnant aux jambes de son oncle de peur de le quitter. Était-ce ingratitude ou intuition de l'avenir, Dieu seul le sait!

XIX

NOUVELLE LUNE DE MIEL

Rentrés dans leur demeure sans leur enfant aimé, ils se trouvèrent comme sous l'impression d'un nuage de tristesse; mais ils devaient se sacrifier à ce bon frère qui pleurait en les priant instamment de lui laisser en otage celui qu'il regardait comme son fils.

Un labeur continu et assuré ne tarda pas cependant à redonner de l'animation au jeune ménage. Albert, au bout de quelques mois, obtint la direction de l'atelier. Ses soins attentifs et sa capacité lui avaient valu cette marque d'estime et de confiance de son patron.

Une petite fille vint au monde le dixième mois de cette nouvelle lune de miel; Jenny, qui était entrée dans la fonderie dirigée par son mari, appela sa toute dévouée camarade à devenir la seconde mère de son enfant. Louise accepta de grand

cœur; le maître d'Albert s'était offert à être parrain.
A l'occasion du baptême, une délicieuse petite
fête eut lieu dans cette famille où le bonheur et
l'aisance étaient revenus, comme le soleil après
l'orage.

L'enfant fut mise en nourrice près d'eux : la
santé de Jenny était faible, et Albert la suppliait
de se ménager.

Quelques mois après, le maître fondeur mourut
subitement. Les héritiers avides vendirent sans
scrupule les richesses artistiques et industrielles
accumulées depuis de longues années par cet honorable artisan. Réaliser un capital enfoui dans
des travaux plus glorieux que lucratifs, était leur
loi suprême!

Ceci nous remet en mémoire un souvenir pénible
de notre jeunesse. Nous nous trouvions employé
comme ouvrier dans une splendide maison typographique; nous eûmes la douleur d'être témoin de
sa vente à l'encan, et surtout de voir un spéculateur
de toutes mains devenir possesseur de trésors artistiques d'une valeur de plus de cent mille francs,
pour la somme minime de *douze mille cent francs!*
C'est ainsi que les héritiers d'un nom illustre faisaient de cette célébrité un trafic mesquin... Quant
au marchand, à l'homme au gros sous, au faiseur
en un mot, aujourd'hui encore il est renommé
pour *ses* types! qui ne lui ont coûté qu'une veine

heureuse et l'incroyable abdication dès héritiers d'une gloire séculaire!

Albert fut sensible à cette perte d'un excellent homme, dont le contre-coup allait l'atteindre, et pour comble de malheur tomba gravement malade sur ces entrefaites. Jenny, quoique souffrante elle-même, le veilla avec tout le dévouement et les soins que son cœur lui suggérait. Immense surcroît de peines et de fatigues pour sa santé déjà fortement ébranlée.

Au bout de quatre mois seulement, Albert entra en convalescence; son beau-frère l'engagea à venir respirer pendant quelque temps l'air pur de la Bourgogne; mais le mari de Jenny sentait tout le poids de ces jours de maladie, que n'avaient pu alléger qu'incomplétement les ressources de la mutualité ouvrière; d'autant plus que la limite de secours efficaces était atteinte depuis un mois. En conséquence, Albert voulait réparer au plus tôt la trouée meurtrière qu'un chômage forcé laisse toujours dans le ménage de l'ouvrier même aisé. Il refusa l'offre amicale de son beau-frère.

Se mettant en quête d'un nouvel atelier, il se trouva casé momentanément dans une petite fonderie de la rue de la Harpe. Albert évitait avec soin les maisons à grand personnel où l'entraînement est plus facile, où les jalousies sont aussi plus vivaces lorsqu'une capacité exceptionnelle se présente et attire sur elle l'attention.

Une année entière se passa dans cette tranquillité relative où le bien et le mal se balancent; le
travail se trouvait ingrat par suite de conditions
désavantageuses ; par moments c'était une activité
dévorante, où un labeur sans relâche, se poursui-
vant et le jour et la nuit, ne suffisait pas; puis à
cet excessif déploiement de forces succédait le
silence de la mort, la stagnation navrante qui
apporte de si rudes angoisses au cœur de l'ouvrier.

Une crise industrielle formidable survint dans
tous les corps de métiers, on se trouvait à la dernière année du règne de Louis-Philippe; le pain
était cher..., la misère montait comme une marée
terrible, menaçant de tout submerger. L'échafaud
de Buzançais venait de se dresser... Le désespoir et
la honte étaient à l'ordre du jour : un ministre
était jugé et condamné comme prévaricateur; un
autre *mourait* pris en flagrant délit de honteuse
débauche, et pour couronner l'œuvre égoïste des
dix-huit années de bourgeoisie repue, un noble
pair de France assassinait sa femme, et se faisait
justice pour échapper à la vindicte publique. En
un mot, tous les étais de l'échafaudage de Juillet
craquaient et se dissolvaient par l'aveuglement d'en
haut, la rapacité mercantile de la classe moyenne,
et par-dessus tout par le découragement et l'irritation populaires.

Nous ne verrons jamais un signe de prospérité dans le fait que la foule se heurtera dans les bouges misérables ou luxueux des barrières ou de la cité. Trop souvent nous entendons dire : « Regardez, voilà le peuple!... Entendez ces chants et ces éclats de joie. On dit qu'il y a de la misère! où se trouvent donc les douleurs du présent et les appréhensions de l'avenir? » — S'il y a quelques heureux parmi cette masse soi-disant insouciante, n'y a-t-il pas aussi nombre de toits visités par le désespoir et la douleur! Nous regardons toujours avec effroi ces ombres bruyantes de la vie ouvrière; mais nous nous sentons bien plus attristés encore en songeant que pour beaucoup cette ivresse devient un écueil où leur dignité menace de sombrer. Les notes criardes de l'archet qui mène la danse résonnent à nos oreilles comme un râle d'agonie!... Un tourbillon infernal semble emporter fils et filles du travail : deux mains décharnées les entraînent, deux figures souillées et hideuses ont pour eux un sinistre sourire : l'oisiveté et la prostitution!

Albert, fatigué de se trouver sans travail, se désespéra; dans les premiers temps, il rentrait à sa demeure; puis, peu à peu, avec des *amis*, il se trouva, comme malgré lui, replongé dans des habitudes funestes, conséquences désastreuses, mais réelles, et souvent inévitables, de l'insécurité du travail. Une nouvelle et fatale passion le domina : le jeu!

Lorsqu'une veine contraire lui enlevait les ressources de ses rares journées de travail, Albert
jurait ses grands dieux qu'il résisterait désormais;
mais si le lendemain la fortune lui souriait, les ser-
ments étaient oubliés. Il était lancé sur une pente
fatale qu'il ne devait plus remonter.

XX

Dans la grande cité parisienne que d'êtres sans foi ni loi dont l'unique métier est d'être à l'affût de toutes les faiblesses humaines et de les rançonner jusqu'à la ruine la plus complète!...

Ainsi, par exemple, l'autorité judiciaire ne se trouve-t-elle pas le plus souvent impuissante devant une variété de tripots au grand jour que n'atteint guère la loi, et où beaucoup prennent le chemin qui conduit au déshonneur! Les maîtres de céans ont des certificats de bonne vie et mœurs, ils sont de précieux contribuables pour le fisc qu'ils alimentent sous plusieurs formes, et partant, dignes d'égards et de considération.

Tel était l'*Estaminet des Arts* de la rue de la Harpe, du temps où il y avait une rue de la Harpe... Dans cet endroit de prédilection de la jeunesse des écoles, on voyait aussi parfois l'ouvrier, luttant de hardiesse contre la mauvaise fortune. Cartes et billards remplaçaient les maisons de jeu qu'une loi avait justement supprimées; loi prévoyante et sage, bien accueillie par les pauvres familles, mais qui n'a pu faire disparaître du corps social cette lèpre dangereuse qui ne cesse de s'étendre, sous des formes multiples, et d'exercer ses ravages à la faveur de l'impunité!

Albert venait secrètement en aide à son ménage, non par le fruit d'un travail honnête, mais par les coups fortunés de la poule et du piquet! Quelle indicible jouissance il éprouvait à exploiter cette mine que la fortune semblait lui ouvrir; avait-il à s'inquiéter de ses compagnons dépouillés, qui eux, peut-être, rentraient la honte et le remords au cœur dans leur ménage appauvri, désespéré! Qu'importait à Albert la misère d'autrui! N'était-il pas le héros de la taverne de la rue de la Harpe? Chacun ne tenait-il pas à honneur de se mesurer avec lui pour chercher à le vaincre? Enhardi par une victoire presque constante, il acceptait toute espèce de cartels; il en était arrivé à se considérer, pour ainsi dire, comme la clef de voûte de l'*Estaminet des Arts;* la grande considération dont jouissait ce malheureux, courant joyeusement à sa perte, lui donnait un ascendant extraordinaire. Un cercle compacte d'amateurs ne cessait d'entourer le théâtre de ses exploits, et chacun de ses grands coups était salué par une salve de chaleureux applaudissements.

Un matin, le propriétaire de l'estaminet lui proposa une association véritable.

Albert sourit à cette idée.

— Vous êtes un brave homme! père Leroy, lui dit-il... Vous m'offrez de partager les fruits de mes batailles victorieuses, c'est d'un grand cœur!

Albert riait aux éclats.

— Parlons sérieusement, mon petit Albert, n'ébruitons pas la proposition grave que je veux vous faire... —Tenez, nous allons déjeuner ensemble..., vous verrez si mon projet est à dédaigner...

— Oh! quant aux propositions de déjeuner, je les trouve toujours très sérieuses, et j'accepte avec d'autant plus de plaisir que vous êtes un savant dans l'art culinaire!

Albert et le maître limonadier se mirent en tête-à-tête dans un cabinet; après force rasades, l'industriel entama le projet d'association en ces termes:

— Albert, vous avez, depuis un mois que vous me faites l'honneur d'être un fidèle habitué, augmenté d'un tiers la clientèle de mon établissement; c'est à votre haute réputation d'habile et beau joueur que je dois cette prospérité extraordinaire. D'ici à un an, si vous acceptez mes offres, je triple la valeur de l'*Estaminet des Arts;* je vous donne 10 fr. par jour à dater d'aujourd'hui, plus un dixième dans toutes les poules et parties où vous serez engagé, sans chance de perte aucune. Ça vous va-t-il?

Albert se gratta le menton.

— C'est joli! je ne peux pas dire autrement...
À votre santé, père Leroy... Vrai, d'honneur, vous
êtes un généreux homme.

— Vous acceptez, Albert?

— Je refuse!... Je n'aime pas ce qui sent le
trafic...; la liberté, c'est un bien si doux!... Voyez-
vous, avec un engagement je ne serais plus moi...,
je ferais des bêtises, je me déshonorerais!

— Vous refusez! dit le père Leroy tout dé-
contenancé.

— Absolument...; mais touchez là, papa, dit
Albert en lui tendant la main; je serai toujours
votre obligé... je m'engage même à rester un an
chez vous pour faire prospérer l'*Estaminet des
Arts!* Vous voyez que je suis bon prince!

— C'est tout de même, Albert, vous avez tort
de refuser les offres d'un ami...

— Puisque je vous dis que je resterai... Et puis,
en conscience, parlons en hommes... vos affaires
vont mal, n'est-ce pas? — Ah! ne faites pas de
grands gestes... Je sais que vous avez essuyé quelques coups durs... Ça ne sert à rien de nier... Je
veux vous en donner la preuve... — J'en ai bien
éprouvé, moi! et de cruels encore... je n'en suis
pas mort pour cela, comme vous voyez... —
Vous avez eu un magnifique fonds de marchand de vins restaurant, dans un angle fortuné;
mais vint en face de vous un finaud qui vous
coupa l'herbe sous le pied! Ah! justice à vous rendre, vous avez combattu vaillamment... D'un seul

coup vous jetiez soixante mille francs en répara-
tions splendides, vous étiez doré sur toutes les
coutures comme un maréchal de France ! La faveur
de curiosité vous revint un moment..., puis la
roue de la fortune abandonna votre sentier fleuri.
Celui qui était resté marchand de vins auber-
giste continuait d'étaler avec orgueil ses vieux
crus généreux, ses escargots en spirales sympathiques, ses viandes succulentes; dans son jeu
commercial, il trouvait un quatre-vingt-dix des
mieux conditionné, vous étiez capot numéro un,
sans chance de belle, mon pauvre père Leroy...

— Oh! c'est vrai, le gueux a été cause de ma
ruine !

— Affaire de tenir ses cartes! rien de plus...; ne
lui en voulez pas..., tout cela tient à un écart où à
un manque de touche...; la vie n'est qu'un tapis...,
ne le savez-vous pas?... Une carte ou un carambo-
lage donne la joie ou la douleur... Revenons à
notre mouton égorgé par la concurrence d'un plus
chanceux adversaire... Vous avez sauvé du naufrage ce que vous avez pu, réglant vos comptes par
un concordat vraiment honnête... Avec les dix
mille francs qui vous restaient, vous avez repris
ce petit bijou *des Arts*... Aujourd'hui, si on vous
en donnait quinze mille, vous quitteriez pas demain, mais tout de suite... Est-ce vrai?

— Je ne dis pas non! puisque j'aurais réalisé un
tiers en plus de sa valeur!

— Valeur de clientèle problématique!..... de

fillettes affamées, d'ouvriers imbéciles et de garçons
fiers de leur jeunesse et d'un peu d'or dans le
gousset, les premiers jours de mois s'entend... Tout
cela frivole comme leur esprit, qu'un jour attire et
qu'un autre jour emporte... Vingt fois n'avez-vous
pas subi ces alarmes? Pendant ce temps, les frais
courent... Ce sont les fièvres intermittentes de
votre genre de spéculation..., elles font succomber
parfois, et je m'en voudrais toute la vie d'être la
cause, même involontaire, de votre ruine...

— Albert, je vous estime sincèrement.... tout ce
que vous venez de dire est vrai!...

— Vous le voyez bien!... Et comme le pauvre
diable qui perd pied, vous preniez n'importe quelle
branche pour vous sauver du naufrage... J'étais
cette branche...; mais si la veine m'abandonne,
je vous enfonce sans retour!... Merci! cherchez à
vendre... Et d'ici trois mois, je vous en donne ma
parole, j'aurai donné un cachet célèbre aux poules
et poulets de l'*Estaminet des Arts!*

Albert reprit le cours de sa vie habituelle, son
renom d'habile et de maître ne faisait que s'ac-
croître, et s'il n'avait pas accédé aux propositions
du maître limonadier, il n'en continuait pas moins
à le seconder en servant de véritable appeau à la
folle jeunesse éprise de la passion du jeu... A cette
dernière il enseignait le billard, il avait des élèves,
— qui ne lui rapportaient guère; — et de toutes
parts on vantait son habileté et son bonheur.

Enorgueilli de ses succès, possédé du démon
du jeu, Albert annonça un jour de grandes ré-
formes aux fervents qui le considéraient comme
un oracle. Les illustres parmi les illustres étaient
appelés à inaugurer la nouvelle salle agrandie
et restaurée sous ses inspirations. Il fallait le voir
présider aux préparatifs de ce grand jour, donner
des ordres, stimuler les ouvriers; un général d'armée n'est pas plus préoccupé, plus actif, la veille
d'une grande bataille!...

Ah! combien les nobles et saintes journées de
travail se trouvaient éloignées des souvenirs de cet
homme... Son gain journalier n'était plus que le
fruit de dépouilles opimes, dont quelques bribes
venaient alimenter son pauvre ménage... Jenny
croyait que son Albert revenant tard s'efforçait
d'amoindrir la détresse qui ne cessait de les assaillir.
La pauvre femme ne pouvait plus sortir de chez
elle, une maladie sérieuse la menaçait, ses forces
diminuaient à vue d'œil. L'état de sa petite fille
augmentait ses angoisses, car cette enfant était su-
jette à des convulsions internes... La fréquence de
ces attaques épuisait la mère et l'enfant... Souvent Albert passait des nuits entières sans rentrer.
Jenny pensait qu'en noble cœur son courage lui
inspirait de subvenir à de nouvelles charges par un
surcroît de travail. Que de fois elle se sentit émue
lorsque le matin elle regardait ce visage accablé
par la fatigue, — la fatigue du jeu! hélas! si ter-

rible dans ses ravages. — Comme la pauvre et ai-
mante femme se reportait alors au souvenir de la
première défaillance de son mari, et se prenait à se
reprocher comme une faute de s'être éloignée de
lui pendant quelques mois... La triste réalité allait
bientôt dissiper sa dernière illusion.

Albert, il est vrai, ne buvait plus; mais cette funeste passion du jeu le menait plus sûrement à
l'abjection, et plus rapidement à l'abîme!

XXI

CHANGEMENT DE PROPRIÉTAIRE

Le lundi de Pâques 184., l'*Estaminet des Arts* était comparable à la Niobée antique; du sein des flots... de peinture il sortait tout radieux; les garçons, sous les armes, allaient et venaient rapidement.

Une affiche ornementée par la plus savante main calligraphique, annonçait :

POUR L'OUVERTURE

ET CHANGEMENT DE PROPRIÉTAIRE

GRANDE POULE D'HONNEUR!

ALBERT (dit LE PRINCE) et MM. ***

L'affiche reproduisait les noms des hautes notabilités du billard; elle n'oubliait pas d'indiquer *cinq heures précises!* M. Leroy, en habit de cérémonie, la serviette sous le bras, donnait d'affectueuses poignées de main aux arrivants; il restait le plus souvent près du comptoir où se pavanait une femme d'un embonpoint exubérant, d'une toilette outrée de luxe et de bijoux; un grand gaillard tout de noir habillé, portait, à l'instar de M. Leroy, une serviette sous le bras, comme signe distinctif du maître de la maison. On le comparait au géant du boulevard du Temple pour ses formes vraiment herculéennes.

L'installation des nouveaux propriétaires faisait grand émoi dans le quartier; des symphonistes nomades semblaient s'être donné rendez-vous pour se succéder; ils accompagnaient le bruit saccadé des billes, le cri guttural des garçons et le son argentin de la clochette de la dame de comptoir, qui était comme enfouie sous un amas de fleurs... artificielles.

La foule abondait; grisettes et étudiants, ouvriers et marchands voulaient être spectateurs de cette lutte d'adresse.

A quatre heures moins quelques minutes, une voiture s'arrêta devant la porte; M. Leroy et le géant s'empressèrent à l'envi d'en ouvrir la portière et d'en abaisser le marchepied; les garçons se plaçaient en serre-file, la dame de comptoir saluait avec gracieuseté les notables individualités à qui Albert faisait les honneurs de la réception.

Un repas splendide attendait maîtres et preux; un toste fut porté au vainqueur futur qui donnerait, par sa victoire, un plus haut renom à l'*Esta-minet des Arts*.

A cinq heures, les joueurs étaient armés. Laissons ces preux chevaliers du billard étudier leurs mouvements stratégiques les plus habiles ; laissons également les spectateurs épris d'admiration applaudir au calcul des effets sublimes !... et écoutons la dame de comptoir, véritable pivoine dans toute sa splendide et éblouissante floraison.

— Eh bien ! mon ami ? dit-elle au géant qui revenait du fond de la salle.

— Oh ! c'est parfait..., parfait !... Albert est magnifiquement beau... Quitte un moment !

— Mais je ne pense pas à ce jeu ! je ne pense qu'à toi, mon cœur... Es-tu content ?

— Certes ! tu as été mon bonheur, tu es encore ma providence.

— Ah ! c'est que je t'aime ! vois-tu...

Un bruyant applaudissement retentit ; le père Leroy vint les larmes aux yeux en s'écriant avec joie :

— Albert est vainqueur !

La dame fit, malgré elle, une imperceptible moue, qu'elle réprima aussitôt.

— Ah ! quel homme, dit-elle en souriant, et quel heureux présage pour notre premier jour..., n'est-il pas vrai, cher ami ?

— Oui, oui..., balbutia le géant d'un air distrait et laissant voir que son esprit était bien plus aux péripéties du jeu que son cœur aux aiguillons de l'amour.

8

Les combattants reprirent les hostilités. Le père Leroy se remit au premier rang des curieux; le nouveau propriétaire voulut en faire autant; la dame de comptoir le retint.

— Oh! je t'en prie, reste avec moi.

— Il faut bien, chère bonne, que je m'occupe du service.

— Tu as un assez nombreux personnel pour ne pas te déranger à cnaque instant.

Elle sonna vigoureusement, en indiquant un consommateur qui appelait. Un garçon fit le service d'une demi-tasse, le géant s'empressa de servir le flacon et le sucre; mais au moment où il croyait pouvoir s'esquiver, il fut vivement rappelé.

— Mon ami! un seul mot...

Se retournant avec humeur, il s'approcha plein d'impatience.

— Que veux-tu?

— Reste avec moi, je t'en supplie... Tu sais combien je suis malheureuse lorsqu'une sotte idée de jalousie me traverse le cœur. Aie pitié de moi; je vois là-bas de petites sirènes qui te regardent et me font peur...; reste près de moi, je t'en supplie, tu sais combien je t'aime!

— Ah! çà, es-tu folle? dès le premier jour..., on dirait vraiment que je suis un adolescent qui prend feu au premier coup d'œil..., c'est le comble du ridicule...

— Ridicule, je le veux bien; mais la crainte de te perdre, mon seul trésor, me rend jalouse et malheureuse... Que serais-je sans toi, mon Dieu?... toi qui représente tout mon avenir et ma joie, mon vrai bonheur enfin!... Je voudrais vaincre cette ridicule jalousie...; mais que veux-tu, mon ami, ceux qui aiment peuvent connaître et ressentir cette douloureuse passion qui fait tant souffrir... Être jalouse, c'est mal, je le sais bien; c'est douter et outrager un dévouement, une affection sincère; tu ne peux savoir combien de fois je m'en suis repentie et me suis reproché mon peu de confiance! Mais je ne puis résister à cette déraison de mon cœur... Oui, je t'aime, et à chaque instant, j'ai peur de te perdre... C'est là le tourment de ma vie..., car si tu ne m'aimais plus, si tu m'abandonnais, je n'aurais qu'à mourir.

— Si je ne t'aimais, ma jalouse, me verrais-tu si heureux?...

— Oh! je te crois..., que je voudrais être raisonnable..., le doute est si cruel!... Ou serait-ce plutôt un juste châtiment, grand Dieu!

— Toujours des idées sombres..., ma foi j'aime mieux admirer Albert.

Il profita, pour s'esquiver, du moment où la dame de comptoir se passait lentement son fin et coquet mouchoir sur les yeux, afin d'effacer une pâleur subite et une larme brûlante qui s'aventurait sur ses longs cils noirs.

C'est ainsi que la belle meunière d'Osny, — car c'était elle, — ne pouvant effacer de son souvenir un terrible passé, était en proie aux plus cuisantes appréhensions, en ce moment où elle trônait à l'*Estaminet des Arts*.

Depuis quelques années Paul, l'Adonis de Pontoise, était rivé à cette chaîne comme un forçat...

Les deux coupables se trouvaient liés par une commune misère. L'anxiété et l'ennui commençaient leur châtiment!

XXII

BILAN CONJUGAL

Il était arrivé un moment où Chardin ne devait
plus douter de l'inconstance de sa femme; il en
avait été le témoin muet. Sans esclandre, le meunier dévora un mois entier son affront. Il avait le
courage de recevoir les patelines caresses de cette
malheureuse qui avait tant de fois oublié ses devoirs d'épouse avec impunité. Le mois accompli,
un notaire arrivait chez le meunier et lui remettait
deux traites sur les deux plus célèbres maisons financières de Paris. Toutes les affaires étaient réglées,
les biens vendus; Chardin avait obtenu la signa-
ture de sa femme, lui faisant entrevoir qu'il fallait
seconder le projet de Paul pour une spéculation in-
faillible, à l'imitation d'une puissante maison d'un
certain marchand de grains, député très renommé
d'alors, dont le genre de négoce *licite* affamait
le peuple, mais qui retirait de cet infâme trafic
d'énormes bénéfices.

La meunière fut au comble de la joie, en voyant son mari venir lui-même seconder l'ardent désir de Paul dans des opérations commerciales grandioses; c'était sa fortune entière, 250,000 francs, réalisée par son mari, — la ruine en cas de non-réussite... Que lui importait? elle n'avait pas de craintes; l'amour et l'orgueil l'aveuglaient.

Cependant les nuages s'amoncelaient à l'horizon; Chardin, après la visite du notaire, prétexta un voyage à Pontoise pour régler quelques arrérages d'un débiteur récalcitrant... Paul se trouvait là, *par habitude;* il lui serra la main..., embrassa sa femme en lui recommandant de ne pas l'attendre pour le dîner; il comptait au surplus sur son ami Paul, qui lui rendrait le service de tenir compagnie à sa chère moitié.

— Mais, mon trésor, dit la meunière, regarde donc ce temps menaçant; un orage épouvantable se prépare, tu n'arriveras jamais jusqu'à Pontoise...

— Sois tranquille, ma bonne... Au surplus, si je rentrais tard, ne sois pas inquiète...

— Tu sais combien j'ai de frayeur, seule...

— Paul me fera bien le plaisir de m'attendre, n'est-ce pas mon garçon? Mais, j'y pense...; te laisser ainsi avec l'amoureux de toutes les vierges de Pontoise, est-ce bien prudent?...

Et il eut le courage de sourire!

La femme du meunier lui sauta au cou, et lui mettant la main sur les lèvres, elle lui dit :

— Fi! le jaloux!... Ne suis-je pas une honnête

femme?..... et elle l'embrassa d'un air câlin.

Le meunier sourit encore, mais d'un sourire étrange; son cœur contenait à grand'peine l'orage qui allait éclater, d'autant plus terrible qu'il était inattendu. Chardin sortit.

— Olympe! ma toute dévouée! dit Paul en serrant dans ses bras la meunière radieuse de voir son amant heureux.

— Oh! tu vois, Paul, tous mes souhaits de bonheur se réalisent... Crois-tu que je t'aime, le crois-tu?

— Oui, mon adorée... Aussi te rendrai-je au centuple cette vive marque d'amour...

— C'est tout de même, il y a au fond de mon cœur un véritable remords..., dit-elle avec une apparence de tristesse.

— Que j'étoufferai au bruit de mes baisers, dit Paul avec feu.

— Oh! n'est-ce pas que nous sommes bien coupables?... Aime-moi du moins comme je t'aime, de toutes les forces de ton âme, pour que je ne puisse songer à ma trahison envers un mari si loyal, un cœur si généreux!... Il aplanit ton avenir..., et sa confiance fait mon bonheur!

Leur impudique amour s'épanouissait à l'aise!... Le cynisme de ces deux misérables n'avait pas pour atténuation la folie de la jeunesse : c'était pour la meunière une surabondance de lubricité quotidienne, qui fait une Messaline sur les marches d'un trône et dans la femme du peuple une mé-

prisable dévergondée. Tous deux étaient d'un âge
plus que raisonnable. Paul atteignait trente-six
ans; la meunière dissimulait sans trop de peine les
neuf années qu'elle avait de plus que son amant.

Ils coururent au jardin comme de jeunes fous...,
s'agaçant réciproquement, caquetant, riant, trouvant la liberté douce, le présent prospère, l'avenir
enchanteur...

Il y a dans les heures de la vie les plus éthérées
un instant où une raison majeure, vous lance
brusquement des cieux sur la terre, c'est la faim!
Le cœur si enivré qu'il soit se trouve tout d'un
coup maîtrisé par le souverain du logis, maître
Gaster. Les deux amants commençaient à ressentir
les effets de cette prosaïque nécessité, lorsque deux
larges gouttes de pluie accompagnées du bruit loin-
tain du tonnerre, les pressèrent encore davantage
de rentrer au logis.

— Oh! quel bonheur que tu sois ici, dit-elle en
minaudant, et montant les quelques marches du
perron, je ne sais où me cacher lorsque le tonnerre
gronde. *Il* ne reviendra sûrement pas de sitôt,
nous allons dîner seuls... Oh! ce sera charmant...

Un éclair formidable sillonna le ciel. La meunière se jeta à corps perdu dans les bras de Paul,
celui-ci la souleva comme il aurait fait d'un enfant,
et l'emporta dans l'intérieur de la maison. Comme
elle riait de cette force musculaire, et combien elle
était joyeuse, car Olympe savait qu'elle n'était pas
diaphane, au contraire.

La table fut dressée par la meunière, aidée de Paul, avec cet entrain, ce laisser aller de l'intimité la plus absolue; que d'agaceries et d'embrassades réciproques! Foin du tonnerre, des éclairs et de la pluie! le vin petille dans les verres, le feu des sens brille dans les yeux, les lèvres sont frémissantes! Allons, amoureux de la dernière heure! repaissez-vous, saturez-vous d'orgie. La nuit commence à vous envelopper de son noir manteau, le jour s'enfuit de honte et de dégoût!...

Un dernier éclair vint frapper de stupeur les deux convives. La maison trembla au bruit de la foudre qui semblait redoubler de furie. Et tout à coup se dressa devant eux, impassible comme l'ange de la mort, la figure courroucée du vieux meunier, tenant en chaque main un revolver prêt à faire feu.

— Je pourrais vous tuer, dit-il, mais ce serait vraiment trop doux! — Si tu fais un seul mouvement, misérable, je suis résolu à te briser bras et jambes, car je ne veux pas ta vie! sache-le bien.

Chardin tenait toujours braqués sur les deux commensaux ces terribles instruments de mort.

Atterrés par cette apparition subite, les coupables semblaient pétrifiés.

Le meunier dit à Paul :

— Comme ta mort ne me rendrait pas mon honneur, tu peux partir...

— Oh! tuez-moi, si vous voulez, Monsieur Chardin, car je suis un misérable!... mais par pitié..., grâce! grâce! pour elle!...

— Vous tuer tous les deux ce serait me faire justice, vous le reconnaissez bien, n'est-ce pas? Mais il faudrait passer quelques mois en prison, subir des interrogatoires, dévoiler bien des infamies..., être traduit en cour d'assises; condamné ou absous, servir de pâture à la curiosité publique; être montré au doigt, et s'entendre dire : « Tenez, voilà l'homme qui s'est aperçu un peu tard des infidélités de sa femme! — Est-ce drôle un mari trompé? » Non! non! ma vengeance est certaine, je ne serai pas ridicule... Pour la dernière fois, je vous ordonne de sortir!

Paul, soit instinct de conservation, soit lâcheté ou honte, abandonna la meunière, sans même lui jeter un regard de compassion.

L'orage était dissipé : un clair de lune éblouissant inondait la chambre de sa lumière sépulcrale. Chardin ferma la porte au verrou et revint près de sa femme toujours anéantie. S'approchant d'elle, le meunier la secoua rudement par le bras, et lui dit :

— N'est-ce pas, malheureuse, que ce réveil était loin de ta pensée!... Tu croyais bénévolement que j'allais risquer notre fortune entière pour ton beau Paul! Ah! ah! plaisante illusion!...

Chardin riait de ce rire de rage, dont les sanglots étouffés sont les notes les plus accentuées.

La meunière ne trouvait pas un mot de réponse.

— Tournerais-tu à l'idiotisme? On dit que l'excès du plaisir des sens y conduit... Ce serait vraiment dommage! Tu ne sentirais pas tout le mal que je veux te faire... Ayez donc l'obligeance d'allumer ces bougies, Madame; nous ne sommes pas des amoureux de clair de lune ; nous devons nous regarder en pleine lumière.

Olympe, machinalement, obéit à son mari.

— Merci, dit le meunier; parlons affaires maintenant. Dans la communauté conjugale, il y a partage égal de biens; le feu, qui purifie tout, va nous placer dans une commune misère.

Approchant de la lumière les deux titres qui représentaient toute leur fortune, il les tint entre ses doigts jusqu'à ce qu'ils fussent consumés.

— Que faites-vous, grand Dieu ! s'écria sa femme éperdue !

— Vous avez ruiné mon honneur, n'est-il pas juste que j'anéantisse votre fortune?...

— La mort est préférable à cette torture... Oh ! je t'en supplie... tue-moi !

— Il vous restera encore assez du mobilier, de vos bijoux, pour végéter quelque temps, continua froidement le meunier; maintenant que notre bilan est fait, vous allez jouir d'un spectacle nouveau, étrange ; contempler à l'aise le fruit de votre commerce adultérin : sur cette couche encore chaude de vos caresses criminelles, un cadavre va s'étendre en vous maudissant..., mais pour vous laisser quelques heures de contemplation, et afin que pas un cri ne puisse sortir de votre bouche, cette serviette témoin de vos amours pressera vos lèvres, ô vertueuse femme !

Le meunier bondit sur Olympe; une résistance désespérée fut le prélude d'une scène horrible; mais la malheureuse fut vaincue, garrottée sur son fauteuil, puis bâillonnée.

Chardin n'était plus un homme, il ressemblait au démon de la vengeance, savourant son œuvre avec délices. Il roula le fauteuil jusque près du lit conjugal, où il se jeta après avoir ôté seulement son paletot. Il riait encore, mais d'un rire strident et sarcastique qui faisait frissonner la meunière.

— Allons, dit-il, ma belle fiancée d'il y a vingt-cinq ans! que je sente une fois encore votre main dans la mienne!... que je touche votre anneau nuptial, cette sainte relique de nos jeunes amours, maintenant avilie par votre conduite infâme!... Plus qu'une minute de souffrance pour moi,!... ma vengeance n'est-elle pas justice; et n'est-il pas juste aussi de vous maudire dans un dernier adieu!

Au même moment, le meunier se fracassait le crâne, des fragments d'os et de chair, ainsi que des flots de sang, couvraient la malheureuse. Elle ferma les yeux pour ne pas voir cet horrible spectacle; ses pulsations temporales semblaient menacer sa raison; folle, épouvantée, elle se recula d'horreur; mais la main du meunier s'était fortement cramponnée à la main de sa femme, et dans son mouvement brusque, elle ramena devant elle, et à genoux, un cadavre sans tête!

Sinistre tableau que l'élégante limonadière ne pouvait effacer de sa mémoire.

XXIII

Les joueurs se livraient à l'extravagance la plus
effrénée. Tour à tour vainqueurs et vaincus, ils se
passionnaient fiévreusement; la lutte de l'amour-
propre était souverainement engagée. Il n'y avait
plus qu'un coup décisif pour obtenir ou perdre la
palme; les enjeux ou paris grossissaient à vue
d'œil. Un défi du nouveau propriétaire, qu'une
drôlesse agaçait, donna plus d'animation encore
au cartel; l'amant d'Olympe porta 500 francs sur
le jeu d'Albert.

La jeune femme accepta le défi, et de sa main
délicate et gantée déplia, en souriant, un billet de
cette valeur pour en faire échange avec l'amant
de l'ex-meunière. Chacun était dans l'attente...
O fortune! il ne reste plus que quelques lueurs
d'espoir aux champions. Les chances des parties

sont égales, un seul point à chacun ! Quelle per-
plexité !... Albert succombe. Mais la radieuse
femme, en recevant le billet du maître de l'*Estaminet des Arts*, lui dit superbement :

— Que cette perte serve à cimenter l'union des
valeureux combattants; tenez, maître, avec votre
enjeu et le mien vous pouvez nous servir un souper grandiose; et j'aurai le double plaisir de cho-
quer mon verre avec les princes du billard et le
plus bel homme du quartier latin !

Insouciante et belle, cette femme semait l'argent
qui lui coûtait un sourire !... Fille de théâtre, sa
jeunesse faisait sa fortune; sa coquetterie escomp-
tait une compensation à sa générosité.

Albert et la meunière se montraient seuls attristés, l'un par sa défaite, l'autre par de cruels pres-
sentiments.

Ils se trouvèrent une vingtaine à cette ripaille,
dont l'actrice eut naturellement le principal rôle...

Aussi avec quel entrain et quel feu elle présidait
ce banquet pantagruélique !... Son amant l'excitait,
fier de sa conquête; mais toute l'ardeur et les attaques de cette femme avaient pour point de mire le
maître de l'estaminet.

Plus d'une fois l'ex-meunière eut à réprimer ses
élans de jalousie, en voyant les provocantes exci-
tations de *sa femme*. De son côté, l'amant de
l'actrice, à bout de dépit, ne put contenir cette
insolente apostrophe :

— Ah çà, Jenny, finiras-tu tes agaceries insolites? Voudrais-tu aussi, comme l'*Estaminet des Arts,* un changement de propriétaire!...

— Pourquoi pas! répondit effrontément la créature, qui de la femme n'avait plus que le nom.

Au nom de Jenny, trois personnages tressaillirent. Albert, comme un homme ivre, trébucha vers la porte; Paul laissa tomber le verre qu'il tenait à la main; Olympe, hors d'elle, se plaça comme une furie devant l'actrice.

— Seriez-vous la malheureuse nièce de la regrettable Mademoiselle Ferrier? s'écria-t-elle.

L'actrice, qui sablait un aï délicieux, s'interrompit et ne put s'empêcher de rire aux éclats, en voyant le visage courroucé de la dame de comptoir.

— Ma respectable dame, dit-elle en continuant de rire comme une folle, ne vous mettez pas ainsi en fureur, cela vous vieillit de dix ans, malgré vos beaux atours et tours!

— Insolente!

Un geste un peu vif allait répondre à l'impertinente fille; mais Paul avança la main, et força Olympe à se contraindre.

— A la bonne heure! dit l'actrice que l'ivresse saisissait, tu as mon estime, ô Apollon!... Et à vous, Madame, j'aurais répondu si un geste un peu trop... je ne dirai pas le mot.

— Sortez de chez moi, misérable!

— Un instant! belle dame... il n'est pas encore minuit... J'ai soldé, s'il vous plaît, il faut que la consommation s'achève... Votre époux est trop galant homme pour agir comme vous... et quoique je ne sois pas Jenny Ferrier...

— Qui insulte ma Jenny, s'écria Albert, qui rentrait en ce moment, et il s'avança les deux poings fermés vers l'actrice.

— A l'autre maintenant ! C'est vraiment jouer de malheur avec mon nom !... Par grâce, protége-moi, mon ange gardien, dit-elle en se jetant éperdûment dans les bras du limonadier.

—Toi, Jenny ! mensonge !... Si tu t'appelais ainsi, dit Albert exaspéré, tu déshonorerais ce nom qui veut dire souffrance, dévouement et résignation !

— Décidément nous ne sommes plus dans une maison où l'on s'amuse ! A Charenton, mon bon ; à Charenton !

Olympe ne se contenait plus ; dans le paroxysme de la colère elle brisa plusieurs objets. Le tumulte allait croissant ; plusieurs s'esquivèrent gagnés par l'ennui et la lassitude.

Au milieu de cette saturnale, une jeune femme apparut.

Depuis deux jours entiers Albert n'était pas rentré chez lui ; Jenny se trouvait dans une mortelle inquiétude..., le pain manquait encore à la maison !

Son enfant grelottait de fièvre et de besoin !... elle-même pouvait à peine se soutenir ; et cependant, elle se dirigea, avec sa petite fille, vers la fonderie de la rue de la Harpe. Là, il lui fut répondu assez sèchement que depuis longtemps son mari ne faisait plus partie de l'atelier.

Pour Jenny c'était une poignante découverte; personne ne voulait ou ne pouvait la renseigner. Elle erra, la pauvre femme, l'œil hagard, le cerveau vide, à l'extrémité de cette rue étroite, populeuse et sale, où les honnêtes femmes avaient crainte autrefois de s'aventurer à l'approche de la nuit, tant les ruelles avoisinantes, en forme de vomitoires, recélaient d'immondices sociales.

En remontant un peu, soit hasard, soit intuition, son regard se porta sur les vitres d'un établissement brillamment illuminé. Jenny considéra une affiche, et crut reconnaître la main habile de son mari; son nom se trouvait là en toutes lettres! Elle ne pouvait s'arrêter à cette idée que ce fût d'Albert qu'il s'agissait! Aussi, la pauvre femme passa bien des fois devant l'*Estaminet des Arts;* combattant tour à tour ses appréhensions, son délire..., elle s'imaginait que sa douleur seule lui suggérait de trompeuses idées. Mais ce nom l'attirait sans cesse! — Si c'était lui! — Combien elle eut à lutter contre cette pensée qu'elle considérait comme injurieuse envers son mari.

Et cependant ce nom brillait et attirait par une force attractive et involontaire la pauvre affligée... En quelques minutes, que de combats, que de doutes dans cette âme torturée par toutes les douleurs!... Jenny pouvait-elle croire à une pareille réalité... Lui, Albert, au milieu d'un monde de plaisir et d'insouciance lorsque la plus horrible famine régnait sous son toit! Cela lui semblait un tel outrage à son bien-aimé qu'elle le rejetait loin d'elle comme un blasphème.

La fièvre lui montait au cerveau; ces deux nuits d'absence, sans nouvelle aucune, étaient inexplicables pour elle. Une idée sinistre s'empara de ses esprits; si, las de ses misères insurmontables, Albert s'était suicidé! Oh! à cette pensée tout son être se prit à trembler, et elle versa d'abondantes larmes.

Tout à coup une voix bien connue d'elle se fit entendre; il n'y avait plus à douter... Sa main se posa sur le bouton de la porte...; mais elle s'arrêta encore en pensant qu'elle pouvait se méprendre, et que peut-être alors on la considérerait comme une folle ou une mendiante!

Le bruit de verres brisés, la voix avinée de l'actrice, le rire éclatant d'Albert qui étreignait de ses deux bras la maîtresse de Paul et cherchait à l'embrasser pour calmer sa colère, tout cela s'apaisa comme par enchantement, lorsque l'on vit une jeune femme, au visage pâle et souffrant, tenant une petite fille dans ses bras, s'avancer lentement, puis s'affaisser sur un siége en disant ces seuls mots:

— Oh! Albert!...

Jenny était bien pauvrement vêtue, l'honnête et vertueuse femme; elle devait faire ombre au tableau du vice rutilant, paré de tous les insignes de la richesse, habits noirs, robes de soie, bijoux étin-

celants ! Et cependant tous les regards s'attachè-
rent sur cette figure angélique, empreinte de tous
les attributs de la sainte et sublime résignation ;
noble image de la douleur, ses yeux ne voyaient
qu'Albert, et du fond de son âme elle trouvait une
prière pour lui !

Paul eut un serrement de cœur au souvenir de
la petite boulangère.

Olympe considéra avec stupeur cette jeune
femme qui était pour elle un remords de plus.

L'actrice reprit un verre de champagne.

— A la santé, dit-elle, à la santé de la petite,
qui ramène la paix dans nos foyers !...

Mais Albert, fou de terreur et de honte à cette
subite apparition, dit à sa femme en lui donnant
furtivement une pièce d'or :

— Va-t'en de cet enfer ! je t'en conjure... au
besoin je te l'ordonne !...

Et la pauvre femme obéit machinalement. Elle
sortit sans que son regard s'arrêtât sur un seul
des personnages de cette scène ; elle n'avait vu
qu'Albert.

Quelques pas plus loin, Jenny tombait mourante ; elle fut recueillie dans une pharmacie, où
des cordiaux parvinrent à la ranimer.

Les groupes se forment vite lorsqu'un malheur
est signalé sur la voie publique. Dans cette circonstance, comme dans les cas semblables, diverses
rumeurs circulaient de bouche en bouche, témoi-
gnant encore plus de la curiosité des spectateurs

que de leur humanité. Une femme et son enfant mouraient de faim, disait-on! Un homme généreux lui avait donné une pièce d'or... Puis de raisons en raisons, on était arrivé à se plaindre tout haut de la misère des temps!

Une personne de la maison qu'habitait Jenny, venant à passer là, s'était arrêtée comme tout le monde et écoutait les propos. Elle reconnut celle qui en était l'objet, et s'offrit à la ramener chez elle; une voiture passa à souhait, qui les reconduisit à leur demeure.

XXIV

Jenny se trouvait près du lit de la petite fille, qu'une nouvelle crise de convulsions venait de saisir, et la pauvre mère était plongée dans la désolation.

Albert rentra.

Jenny le regarda en pleurant, et lui rappela les souffrances de son enfant. — Il s'assit près d'une table, et jeta son chapeau avec colère.

— Que la mort nous frappe tous, dit-il ; nous serons plus heureux !

— Qu'y a-t-il, grand Dieu ! dit Jenny, en s'avançant anxieuse vers son mari, qui cachait sa tête dans ses mains..., quel nouveau malheur nous menace !

— Je viens..., et Albert retenait sur ses lèvres un mot qui le torturait... — Tout à l'heure je me trou-

vais en compagnie de gens qui t'affectionnent beaucoup. Te souviens-tu de la belle meunière d'Osny?

— De... cette femme..., dit Jenny d'un ton méprisant, non; je ne m'en souviens plus.

— Et de son amant!... le tien!

— Le mien! mensonge infâme! qui t'a dit cela,
Albert?... Elle, sans doute?

— Lui!

— Il ment! le misérable... il ment! Jenny se
tordait les mains. Oh! mon Dieu! Albert, pour
comble de malheur viendrais-tu à douter de celle
qui t'aime et n'a jamais aimé que toi!

— Aimé, dit Albert avec ironie... Aimé! je l'ai
cru un moment... Aujourd'hui j'ai la preuve du
contraire; si ton amour avait été sincère, aurais-tu
caché au fond de ton cœur ce secret révélé par un
hasard étrange. Tu oses dire m'avoir aimé!...
comme aiment toutes tes pareilles, pour couvrir
une espérance déçue, ou sortir d'un isolement malheureux; quand ce n'est pas pour se mettre à
l'abri de certaines fautes!

Jenny tremblait d'indignation et de douleur.

— Et cet homme a osé dire que je l'avais aimé!
lui! lui!... le digne complice d'une femme éhon-
tée... Ah! si par malheur mon cœur, mes larmes,
ma souffrance ne peuvent te convaincre, fais venir
cet homme... Nous verrons s'il ose soutenir sa calomnie devant moi!

— Ingénieusement trouvé! dit Albert... Je pré-
senterai Monsieur à Madame... Et le premier

amour, toujours si doux au souvenir, se retrempera à cette vue! D'honneur, cette idée est charmante!

— Oh! sais-tu, Albert, que ce que tu dis là est une infamie! tu insultes une épouse, une mère!

— Ah! oui..., nous avons des enfants..., j'oubliais cette loterie conjugale!

— Ah! tue-moi, malheureux, mais ne m'outrage pas, dit Jenny en sanglotant.

— Te tuer! cela nous affranchirait de bien des misères à venir... Cela viendra peut-être; mais avant je veux acquérir la preuve de tes mensonges..., de ton audace à nier!...

— Albert, je t'en supplie, je t'aime, je te le jure, sur le souvenir de ma mère! je te le répète, je n'ai jamais aimé que toi... Tu as bien souffert, mon ami... Ton cœur est ulcéré par toutes nos misères passées, notre détresse présente te semble plus insurmontable encore! Mais, par pitié, ajouta-t-elle en lui montrant le berceau ou reposait leur enfant, ne méprise pas ce seul lien qui rattache au souvenir d'un passé heureux; à deux genoux, je t'en prie..., aime encore ta Jenny, digne de toi!

Et la pauvre femme éplorée s'attachait aux bras de son mari. Celui-ci, la repoussant sans pitié, la laissa tomber sur le carreau, et le misérable s'éloigna!

Quand Jenny revint à elle, et se vit seule, elle se demanda si ce n'était pas un rêve causé par sa faiblesse, et se précipitant vers le lit de sa fille, elle vit qu'elle dormait.

— Oui! oui! se dit-elle, c'est un songe affreux!...

Et la pauvre victime pleura amèrement sur ce qu'elle pensait ne pouvoir être que le produit de son imagination en délire.

Les jours et les nuits se passaient entre une détresse croissante et des persécutions sans fin. La misère, revenant dans toute son intensité, enveloppait de son affreux manteau l'infortunée Jenny.

Les larmes de la pauvre femme se tarirent à la fin devant les cruautés incessantes de l'indigne Albert. Pour lui, il ne conservait plus aucune trace de sentiment humain.

La société ne pouvait-elle revendiquer une part de cette œuvre de démoralisation? Nous avons vu, en effet, dans quelles circonstances et par quelle filière tous les bons instincts de cet homme avaient successivement passé avant d'être complétement étouffés. Nous devons constater, en présence de ces faits, qu'il est heureux encore que l'on ne voie pas en plus grand nombre ces exemples d'affaissement moral, tant est grande l'injustice, l'impudence avec laquelle s'accomplissent certains faits sociaux que flétrirait une époque moins blasée que la nôtre. La croisade pour l'amélioration morale, intellectuelle et matérielle du plus grand nombre semble s'évanouir dans son impuissance. Elle manque du nerf moral qui enfante les grandes choses... Espérons toutefois qu'un jour viendra où tous auront voix délibérative au chapitre des intérêts sociaux.

Jenny demandait chaque jour à voir la fin de ses souffrances. Le bourreau torturait sa victime sans pitié. Elle en était venue, la malheureuse femme, à bénir Dieu des fréquentes absences de son mari; car tous les soirs où il rentrait à la maison, ce n'étaient que nouvelles tortures. Il couchait un poignard sous son oreiller, disant que cette arme devait bientôt les débarrasser de la vie, mais qu'auparavant il voulait savourer sa vengeance. Et pourtant la malheureuse Jenny ne succombait pas à ce supplice atroce et de tous les jours... On ne pourrait croire à la réalité de ce long assassinat moral et à l'existence d'un tel monstre, — et cependant nous affirmons que ce fait inouï est de la plus scrupuleuse réalité. Jenny voyait s'avancer avec joie le jour de sa délivrance...; elle sentait son cœur blessé à mort... Et néanmoins, à la pensée de ses deux orphelins, le sentiment maternel la soutenait encore... Elle se disait qu'elle ne pouvait mourir !...

Dans l'excès de ses maux, elle s'était repliée sur elle-même et pour ainsi dire séquestrée; sa correspondance avec son frère était même suspendue : celui-ci lui ayant annoncé que leur vieux père était tombé en paralysie, ne reçut pas de réponse, Albert ayant eu le soin de supprimer la lettre. Le silence de Jenny étonna et fâcha le poêlier-fumiste. Louise elle-même avait cessé de rendre visite à son amie, par suite d'une grossière insulte d'Albert, se plaignant tout haut devant elle de ne pas être libre chez lui, et d'y trouver toujours des importuns. Seule avec ses souffrances, Jenny ne voulait plus devoir à personne ni assistance ni pitié.

Enfin de dégradation en dégradation, le triste héros de cette histoire mit le sceau à ses infamies. Depuis longtemps déjà l'*Estaminet des Arts* n'était plus qu'un ignoble tripot; la friponnerie au jeu y était en permanence, et le mari de la pauvre Jenny employait journellement ce honteux moyen pour parer aux coups du sort qui maintenant lui était contraire. Il fut plusieurs fois pris au piége, et un jour entre autres un de ses adversaires s'emporta, le traita hautement de voleur et le souffleta publiquement. Hors de lui, Albert, s'armant d'une bouteille, se rua avec tant de colère sur son agresseur, qu'il lui fendit la tête. La victime de sa fureur resta plus d'un mois entre la vie et la mort.

Quant à lui, il fut traduit en cour d'assises pour tentative de meurtre, et l'accusation ne se fit pas faute de dévoiler toutes les misères domestiques de ce malheureux; elle rappela ses antécédents judiciaires comme un premier outrage à la société; un arrêt infamant devait lui infliger la juste punition due à sa lâcheté, et couronner ses ignominies. Il fut condamné à cinq ans de réclusion et à la surveillance : il était à jamais perdu.

L'ex-meunière, qui s'était fait une joie féroce de

poursuivre de sa haine une innocente victime, devait à son tour recevoir son châtiment. Le lendemain de l'arrestation d'Albert, son amant la délaissait, emportant une forte somme pour suivre l'actrice en Russie. Olympe, folle de rage, fut condamnée à passer quelques années dans un cabanon de la Salpêtrière; l'ombre sanglante du meunier lui apparaissait chaque jour; la justice de Dieu enfin était venue !

Jenny, accablée par l'infortune, mais se souvenant qu'elle était mère, rappela près d'elle la compagne de ses premiers pas dans la vie ouvrière, lui raconta son dernier et long martyre, et reprenant une force nouvelle, elle s'écria devant Louise indignée :

— Oh! n'est-ce pas que je ne dois point mourir!... j'ai des enfants qui me reprocheraient à ma dernière heure de les abandonner! Ils n'ont plus de père! Dieu sera juste et bon; il me redonnera santé et courage; n'est-ce pas, Louise, que je ne puis mourir?...

— Non, chère enfant, disait Louise en larmes. Nous viendrons tous en aide à ton triste sort... Tu reprendras la vie de tes jeunes années..., mon amitié ranimera et fortifiera ton pauvre cœur!... Espoir donc et confiance !

Jenny avec sa petite demeurait près de sa compagne d'atelier; elle s'efforçait de trouver dans un travail constant l'oubli de ses peines et à effacer de son cœur ulcéré la mémoire de son impardonnable époux! Sa correspondance avec son frère reprit son cours, et fut pour elle une source de douces satisfactions. Malheureusement une des premières nouvelles qu'elle reçut de lui fut la mort de son brave père; mais elle eut la joie d'apprendre que son petit garçon se développait à souhait et faisait la joie de son oncle qui le chérissait comme son propre fils et n'aurait voulu le quitter pour rien au monde.

Cinq ans se passèrent ainsi. Son courage s'était relevé peu à peu; mais sa santé chancelante recélait un germe de mort.

Dans les derniers temps, à la suite du douloureux incident que nous connaissons, Jenny entra en rapports avec l'heureuse et honnête famille Garnier, venue à son aide par une franche et sympathique amitié. C'était sa dernière lueur d'espérance, sa dernière consolation; elle appréciait ces témoignages d'affection avec toute la reconnaissance de son cœur aimant!... Mais l'heure fatale approchait..., Georges allait assister à l'agonie d'une véritable martyre.

XXV

Un matin, dans les premiers jours de mars, au moment où les pâles rayons de soleil annonçaient les prémices du printemps, Jenny pria Louise de lui ouvrir sa fenêtre qui donnait sur des jardins; elle embrassa d'un coup d'œil la nature qui commençait à revêtir sa parure verdoyante; le lilas précoce dessinait ses grappes élancées; les longues haies se festonnaient de verts bourgeons, le gazon imprégné de la rosée du matin étalait sa fraîche et verte draperie, des perles diamantées scintillaient sur chaque brin d'herbe, les arbres fruitiers enfin s'apprêtaient à diaprer de fleurs nouvelles leurs vigoureuses chevelures.

— Ah! dit Jenny, avec un triste sourire, quel beau spectacle! comme tout s'anime et s'embellit! Entends-tu, ma bonne Louise, le gazouillement des oiseaux?... ils saluent le printemps qui leur apporte toutes les joies du ciel et de la terre, fleurs et fruits, soleil, tièdes brises, air embaumé; tandis que ta pauvre désespérée va quitter tout cela!... dans quelques jours peut-être.

— Allons! encore tes chimères désolantes!... Vrai... là! tu n'es qu'une enfant sans patience!

—Pas de patience!... Peux-tu parler ainsi, après tant de souffrances, de résignation et d'espérance vaine!... Et tu dis que je n'ai pas de patience... Une idée, si j'allais à l'hospice?...

— Es-tu folle, à quoi bon? puisque ce n'est que le beau temps qu'il te faut!...

— C'est un bien pauvre docteur, le beau temps! dit la malade d'une voix plaintive... — Oh! je sais bien, moi, ce qu'il faudrait pour me guérir: l'oubli!

Jenny porta convulsivement ses deux mains à son front, et elle poussa trois gros soupirs qui pouvaient se traduire par ces mots :

— Oublier! oublier! oublier!

Puis la pauvre jeune femme martyre, laissa re-tomber ses deux bras amaigris, et resta quelque temps sans dire une parole.

Pendant cette espèce de somnolence, Louise se hâta de ranger la chambre de la malade, tandis que la petite fille dormait, les deux mains sur son cœur, du profond sommeil de ses huit ans; sommeil réparateur, car l'enfant avait dû se lever dans la nuit, réveillée par la voix plaintive de sa mère.

Ce ne fut qu'à regret que Louise la fit lever pour qu'elle allât chercher les provisions de la journée.

Au moment où Louise allait embrasser la malade et se rendre à son ouvrage, Jenny se dressant brusquement sur son séant, lui dit :

— Tiens ! tout bien réfléchi, je m'en vais avec toi ! j'entrerai à la Clinique ; il y a là le plus savant médecin de Paris ; comme c'est sur le chemin de l'atelier, nous pourrons partir ensemble ! Je serai bientôt prête ; tu vas voir, ma bonne Louise ! Tu comprends bien, ma toute dévouée, que ta Jenny chérie ne peut mourir ainsi !... Elle doit vivre pour ses enfants ! pour vous qui l'aimez tant ! Oh ! allez, vous n'avez pas affaire à une ingrate... Si vous saviez combien, moi aussi, je vous aime !

Entendant les roucoulements de son oiseau.

— Chante ! chante ! lui dit-elle..., chante, amour du bon Dieu ! Ta petite maîtresse reviendra dans quelques jours ; mes chants heureux se marieront à ta voix joyeuse. Petit fi, petit mignon ! A la bonne heure, il m'encourage, lui !

Louise avait le cœur navré ; elle pressentait que cette force factice, cette surexcitation fébrile, présageait une crise prochaine et douloureuse ; mais ne disant mot, elle attendit avec anxiété.

Sa toilette terminée, Jenny regarda sa bonne Louise, et apercevant deux grosses larmes dans ses yeux :

— Ne pleure pas, mon amie ; avant peu je serai guérie ; j'en ai la conviction... Mets-moi mon châle, là..., donne-moi le bras ! Vois-tu, chère Louise, je suis plus forte que tu ne le pensais... Allons,

partons..., ma Louise! — Oh! et mon enfant..., je
te la recommande, Louise! Embrasse-moi! pauvre
petite... Sois bien sage, Mathilde..., obéis à ta
marraine; c'est ta seconde mère! Adieu, mon enfant, adieu!

— Adieu, petite mère chérie! adieu, maman!...
et l'enfant l'enlaçait de ses deux petits bras en ré-
pandant toutes les larmes de son cœur attristé.

Jenny plongea son regard vers le ciel, dont les
nuages argentés sillonnaient la vaste nappe bleue;
puis revenant à sa petite chambre proprette où
elle venait de passer cinq années dans une espèce
de quiétude relativement heureuse, son cœur se
serra; le premier pas qu'elle fit pour sortir fut le
signal de sanglots déchirants de la part de la pauvre petite qu'effrayait son abandon; Jenny elle-
même s'arrêta brusquement, en portant la main à
son cœur; sans Louise, elle tombait à la renverse
comme une masse inerte.

Les personnes qui ont peur de la mort, malgré
toute leur affection, faiblissent au moment du suprême devoir. Louise était une de ces natures
impressionnables et craintives. Elle appela à son
aide. Madame Garnier s'empressa d'accourir; mais,
comme Louise, elle éprouvait une certaine répulsion..., croyant toucher un cadavre! L'enfant courut
chercher une troisième personne; elles parvinrent,
non sans peine, à placer sur le lit ce corps dont la
frigidité semblait confirmer la mort. A force d'éther,
de vinaigre, de frictions sur les tempes, sur le

cœur, on finit par y ramener la vie; on entendit un bruit étrange dans la poitrine de la malheureuse. Ce bruit sourd et continu, ressemblant au détraquement d'un rouage, donnait le frisson!...

Peu à peu, Jenny se ranima, et rouvrant les yeux :

— Ah! vous êtes là!... quel rêve je viens de faire !...

Elle retomba dans un morne assoupissement.

Les deux voisines pleuraient sincèrement au tableau de si cruelles souffrances; reconnaissant le danger de laisser seule une femme expirante avec un enfant de huit ans, elles résolurent de veiller à tour de rôle, une partie du jour et de la nuit, au chevet de la malade.

En rentrant, le soir, Georges Garnier, n'osait interroger sa femme. Celle-ci lui apprit l'émotion de la journée.— Après souper, Georges rendit visite à la pauvre affligée. Elle était endormie. S'asseyant doucement près d'elle, il contempla avec anxiété ce visage pâle et amaigri; chose incompréhensible, après une telle crise, pas un souffle oppressé ne sortait des lèvres encore colorées de la malade, et ses dents brillaient toujours d'une éclatante blancheur. Georges resta plus d'une heure à surveiller le sommeil de la jeune femme. Un bruit insolite la réveilla. En rouvrant les yeux, elle aperçut l'ouvrier près de son chevet, puis lui tendant la main avec affection, elle lui dit :

—Vous étiez là, mon ami, et vous ne me parliez pas!

— Vous aviez un si doux sommeil, répondit Georges, que je me serais bien gardé de le troubler !

— Oh ! j'étais si heureuse !..., je me trouvais à l'hospice... Un bon docteur, à la voix paternelle, m'assurait ma guérison prochaine... Si c'était un avant-coureur providentiel !

— Vous voulez donc toujours partir, dit Georges avec un douloureux serrement de cœur.

— Il le faut bien, cher Monsieur Georges ; rester sans tenter un adoucissement à mon mal, n'est-ce pas l'aggraver ?

— Votre médecin ne vous a-t-il pas assuré qu'au retour du beau temps, vous verriez votre guérison faire des progrès.

Une sueur froide perlait sur le front de l'ouvrier ; il parlait contre sa conscience, car, chaque soir, il voyait le déclin de cette infortunée.

— Mais mon médecin ne peut se rendre compte des crises violentes que j'éprouve ; tandis qu'à l'hospice j'aurais au moins une fois *le bonheur* de souffrir devant le chef ; il étudierait mon mal, me verrait chaque jour, et je serais sauvée ! — Oh ! comme cet été je vous dédommagerai de toutes les tristesses que je vous fais éprouver depuis un an !... que de beaux dimanches nous aurons avec ma bonne Louise, Madame Garnier et nos deux enfants... Comme je vous ferai courir à travers champs... Vous verrez comme je sais tresser des couronnes de bluets et de coquelicots ! Oh ! oui, je vous dédommagerai de tous vos soins et de vos délicates attentions de tous les instants... Et tout cela pour moi..., pour moi que vous connaissez à peine! Mais, sans vous, je serais morte, cher Monsieur Georges! Et je ne pourrais vivre pour vous aimer! Ah! Dieu serait injuste..., je serais donc maudite par lui, s'il me fallait mourir!...

Une toux sèche et douloureuse empêcha Jenny de continuer.

— Voyons, bonne Jenny, lui dit Georges avec douceur, soyez raisonnable; vous savez qu'à la suite d'une animation trop grande vous ressentez une douleur plus vive.

En effet, une crise de la poitrine survint; Georges courut à la fenêtre et l'ouvrit un instant; puis il s'empressa de donner un verre de tisane à la malade.

Elle voulut parler encore.

— Allons, soyez prudente, ou je vais vous gronder.

Georges, pris d'un vif sentiment de compassion, se pencha sur le front brûlant de Jenny et l'effleura de ses lèvres.

— Je serai bien sage! lui dit-elle d'un air enfantin, je ne le ferai plus jamais! jamais!...

Georges lui tendit la main.

— Pour récompenser mon obéissante malade, je vais rester près d'elle, tard, bien tard; je la veillerai comme une enfant chérie, la main dans la main; mais plus un mot, repos et silence absolu! C'est là mon ordonnance!

— J'obéirai !

Neuf heures sonnaient. Louise arriva de son travail. Comme de coutume elle vint rendre visite à Jenny et l'embrasser. .

— M. le docteur, dit Jenny en souriant tristement et en désignant Georges, m'a mise en pénitence, il me défend de parler.

— J'approuve de tout mon cœur ! M. Georges a raison. C'est la moitié de ton mal qu'il fait disparaître. Tu parles..., tu t'exaltes la tête, et puis salut la compagnie, il n'y a plus de Jenny ! il ne nous reste plus qu'une petite folle, qui nous donne de vives inquiétudes !...

— Folle ! oh ! il y a des instants où je voudrais l'être !

— Ne recommençons pas ! dit Georges... A propos, ne m'avez-vous pas dit que vous aviez commencé une lettre pour votre frère ; voulez-vous que je la termine, pour l'envoyer demain au pays ?

— Oh ! je le veux bien, Monsieur Georges.

— Merci ! ma chère Jenny ! plus que ça de genre !... Un docteur et un secrétaire à ses ordres !...

— C'est un bonheur pour moi !...

Se penchant à l'oreille de la malade, Louise lui dit quelques mots pour la faire sourire ; mais soit que cette pensée lui déplût, soit qu'elle fût pour Jenny une cause d'amertume, deux larmes furtives vinrent mouiller ses paupières.

— Allons, dit Louise, sans s'apercevoir de l'é-

motion de son amie, je vais préparer mon souper;
y goûteras-tu, ma Jenny?

— Non? je n'ai pas faim! merci!

Louise sortit. — S'adressant à Georges:

— Tenez, mon ami, dit Jenny, la lettre à mon
frère est dans ce livre, sur la commode; puisque
vous vous êtes si généreusement offert à la continuer, écrivez-lui que demain, sans faute, je pars
pour l'hospice... S'il peut venir me voir il me causera une douce joie.

Georges se mit en devoir d'écrire la recommandation de la pauvre malade, et il eut soin de ne rien
cacher de la pénible situation de Jenny. Il était
convaincu que ce corps, épuisé par toutes les douleurs physiques et morales, avait à peine quelques
jours encore d'existence. — La lettre une fois close,
il se hâta de tracer un brouillon moins sombre
pour en donner lecture à la jeune femme; dans ce
fragment altéré, l'espérance soulevait sur son aile
la pauvre affligée!...

— Oh! que je vous remercie, mon bon Monsieur
Georges! Vous parlez de cœur, vous!... il y en a tant
qui ne savent que remuer les lèvres... Voulez-vous
que je vous embrasse en signe de remercîment?

— Oh! de grand cœur et de sincère amitié, chère
Jenny!

Étreinte toute fraternelle, qui devait être la première et en même temps la dernière! — Les jours
de l'infortunée étaient comptés.

— Allez, mon ami, reprit-elle, lire cette lettre à

Louise; elle en sera contente. Revenez vite, par
exemple! En vérité, j'y songe..., quels sont donc
mes droits à votre obéissance?... j'irais priver
votre excellente femme de son trésor!... Non! non!
descendez chez vous, ne revenez pas!... Vous avez
besoin de vous reposer de vos travaux! il faut une
bonne nuit pour remplir la journée qui va suivre. Au
revoir, Monsieur Georges, à demain matin, n'oubliez pas de me venir dire adieu! car c'est un adieu,
entendez-vous!... Ah! mieux vaut aujourd'hui que
demain... Un petit soupir! et plus de Jenny!...
Est-ce singulier la mort!

Georges ne put contenir son émotion.

— Cruelle enfant, lui dit-il les larmes aux yeux,
ne voyez-vous pas combien ces tristes paroles m'af-
fligent!

— Oh! pardon, mon ami, pardon! je suis bien
méchante, bien ingrate de vous faire de la peine!
Mais si vous saviez combien il y a de cruelles souffrances là!

Et prenant fiévreusement les deux mains de
Georges elle les appliqua convulsivement sur son
cœur. — Pendant quelque temps, leurs pleurs s'u-
nirent dans un commun sentiment de tristesse.

— Eh! pourtant, ajouta-t-elle tout bas comme
si elle eût craint qu'un atome d'air ne servît d'écho
à ses paroles, j'avais un cœur si bien fait pour
aimer... J'étais jeune..., avec toutes les illusions du
bonheur à réaliser...; un bourreau me prit mon
corps pour me faire souffrir...; se souciant peu de

mon cœur..., il le laissa dans la douleur... Puis...,
oh non ! je ne vous le dirai pas!... mon ami..., mon
véritable ami...

— Je vous le dirai, moi, pauvre femme ; je connais cet épisode de vos souffrances. Une affection
profonde brisée par l'ingratitude. Un moment
votre cœur crut revenir à la vie, puis nouvelle et
cruelle déception !...

— Oh ! comment savez-vous ce secret qui met
le comble aux tristesses de mon existence !

— Chère âme ! ne vous torturez plus au souvenir du passé... Puisez dans d'autres pensées
énergie et courage ; songez à vos chers enfants, à
vos vrais amis..., la force reviendra à votre corps et
à votre cœur endolori.

— Que votre voix est douce à entendre, avec de
si bonnes paroles, ô Monsieur Georges ! vous éloi-
gnez de moi les sombres idées !... Quel noble cœur
vous êtes ! Hélas ! mon Dieu, je serais si heureuse,
si m'endormant un soir, je me réveillais le lendemain en ayant perdu la mémoire du passé ! Oh !
j'en suis sûre, ma guérison serait en bonne voie !

— Tentez en ce moment ce doux sommeil ! ma
bien chère amie... ; vous êtes plus calme..., je vais
aller lire votre lettre à votre bonne Louise !

— Oui !...

— Je reviendrai tout à l'heure...

— Oh ! oui...

— Ne vous impatientez pas, chère Jenny !...

— Au revoir, Monsieur Georges !...

Jenny ferma les yeux; elle songeait. — Georges la regarda un instant; un gros soupir de compassion et d'attachement sincère s'échappa de sa poitrine... Il sortit douloureusement impressionné, et alla donner lecture à Louise du contenu de la lettre.

— Vous avez raison, Monsieur Georges, dit-elle; il ne faut rien cacher à son frère. Si vous saviez quelle peur elle nous a faite ce matin!... Nous la croyions morte! Il est impossible de la laisser seule... Et la pauvre enfant ne veut de soins que de nous! Oh! je vous le dis comme je le pense: si ma chère Jenny doit mourir, je ne voudrais pas voir sa dernière heure!... cela me ferait trop de peine de la voir expirer dans mes bras!

— Malheureusement, dit Georges tristement, il faut nous y attendre de moment en moment.

— Eh bien, si demain elle veut aller à l'hospice, — certes, je ne l'y engagerais pas, — mais si sa résolution est bien prise, je l'accompagnerai, car pour rien au monde je ne veux la voir mourir!

Il fut convenu que la nuit serait divisée en trois parties; Georges prit la première, afin d'être dispos pour le travail du lendemain; Louise devait venir ensuite, et Madame Garnier la remplacer vers les quatre heures du matin; de cette manière, chacun remplissait un devoir sans trop de fatigue.

Georges, en rentrant dans la chambre de la malade, s'avança doucement près de son lit; Jenny dormait d'un sommeil tranquille. Au bout d'une

heure, il la vit sourire dans un rêve. Ses lèvres s'agitèrent, et de sa plus douce voix, la pauvre
femme modula cette triste et poétique élégie de
Lachambaudie :

> Un orage grondait à l'horizon lointain,
> Lorsqu'une Goutte d'eau, s'échappant de la nue,
> Tombe au sein de la mer et pleure son destin.
> Me voilà dans les flots, inutile, inconnue,
> Ainsi qu'un grain de sable au milieu des déserts.
> Quand sur l'aile du vent je roulais dans les airs,
> Un plus bel avenir s'offrait à ma pensée :
> J'espérais sur la terre avoir pour oreiller
> L'aile du papillon ou la fleur nuancée,
> Ou sur le gazon vert et m'asseoir et briller...
> . . . .
> O toi, vierge sans nom, fille du prolétaire,
> Qui retrempes ton âme au creuset du malheur,
> Un travail incessant fut ton lot sur la terre ;
> Prends courage ! ici-bas chacun aura son tour :
> Dans les flots de ce monde, où tu vis solitaire,
> Comme la Goutte d'eau tu seras perle un jour...

Lorsqu'il vous faut passer de longues heures au
chevet d'un malade, combien n'êtes-vous pas péniblement affecté en comptant une à une les douleurs et les larmes du patient et en reconnaissant
votre impuissance à le soulager ! Quelquefois même,
dans le but de soutenir son courage, il vous faut
avoir le sourire sur les lèvres, quand tout votre
être se trouve en proie à une exprimable tristesse ;
que d'efforts pour inspirer de la confiance à celui

qui souffre, pour chercher à le bercer de vaines illusions! Oh! la vie... à quel faible fil elle se rattache! Galvanisés un moment par une lueur trompeuse, ces organes si chétifs, il suffit d'un mot de vérité pour les foudroyer. Semblable à la feuille jaunie, la vie étiolée tombe sur le chemin; pauvre feuille, on te regardait cependant avec amour lorsque ta tendre et verdoyante couleur servait de parure à la fleur suave et embaumée. Mais c'est à la femme surtout que convient cette comparaison. Aussi longtemps qu'elle resplendit de jeunesse, de bonheur, chacun l'envie! mais viennent les jours sombres, l'indifférence la foule de son pied dédaigneux. C'est la feuille tombée de l'arbre où elle puisait sa sève et roulant meurtrie dans la poussière. Qu'importe au passant brutal? la parure printanière s'est envolée...; plus de parure, plus de regards, c'est le destin. Pauvre humanité!... Tel était le sort de Jenny.

Il y a, Dieu merci, des protestations contre de telles indignités. De même que certains amants de la nature renferment précieusement dans un livre les brillantes corolles des fleurs et leurs feuilles éclatantes, de même aussi parfois des hommes à l'âme sensible et tendre placent religieusement dans leur cœur les figures aimées, livre précieux dont chaque feuillet contient une larme, une vive douleur, mais où se trouve aussi, brillant de tout son éclat, quelque douce image, souvenir d'une âme envolée. Ce livre de mort n'est-il pas en même temps le livre de vie dont le cœur aimant se sert pour rendre son culte à ceux qui ne sont plus et s'entretenir avec eux par delà le tombeau dans une ineffable sérénité?

Jenny passa une nuit presque calme, et le lendemain retrouva la malade plus fermement résolue que la veille; pendant une courte absence de Madame Garnier, elle se hâta de se vêtir, en sorte qu'au moment où Louise et la femme de Georges entrèrent ensemble, elles la trouvèrent debout et prête pour le départ.

— Je vous surprends bien, n'est-ce pas? Oh! que j'aurais voulu me blottir dans quelque coin...; comme vous auriez dit : Comment! plus de Jenny!

—Voyons, chère petite, dit Louise fort émue, tu veux donc toujours partir?

— Plus que jamais, ma bonne Louise. Je guérirai là, plutôt qu'ici... Oh! cette fois, soyez tranquilles, j'aurai du courage...; il le faut.

— Mais, ma pauvre enfant, il n'est pas l'heure...; six heures à peine! dit Madame Garnier.

Georges arriva. Il déjeunait; et, comme d'habitude, il offrit à la malade une cuillerée de café.

Jenny accepta en souriant.

— Dernière becquée de la pauvrette! dit-elle tristement; oh! c'est égal, si j'en reviens jamais, je pourrai me vanter d'avoir eu à mon chevet les trois vertus théologales pour me soutenir et me protéger.

A sept heures et demie, une voiture attendait
Jenny à la porte de la maison; on descendit la malade avec précaution, sa faiblesse augmentait sen-
siblement. Elle arriva pourtant à la Clinique sans
nouvelle crise. Après les préliminaires de réception
par l'un des élèves internes, la pauvre victime de
la fatalité se trouvait sur un lit d'hôpital.

XXVI

Pour bien savoir ce qu'est un hôpital il faut y avoir séjourné, car il est impossible au plus subtil observateur d'embrasser d'un coup d'œil superficiel toutes les nuances de misères qui s'y trouvent réunies.

Nous ferons remarquer, en passant, que la Clinique est une des rares et heureuses exceptions à ces sortes de pandémoniums de la souffrance qui, aux quatre coins de Paris, renferment tant de calamités sociales. Si les infortunés *sujets* de la science y sont soumis à de redoutables et douloureuses investigations, nous le disons par devoir et bon souvenir, jamais temple d'Hippocrate n'a été honoré avec plus de ferveur que par le chef illustre qui dirige depuis nombre d'années ce trop étroit hôpital.

M. Nélaton, — pourquoi tairais-je ce nom célèbre? — cherche avec courage et persévérance à alléger l'âme et le corps non-seulement par de bienveillantes paroles, mais encore par les soins les plus attentifs et les plus consciencieux.

Qu'on en juge :

A peine le premier coup de huit heures du matin se fait entendre que le savant docteur monte les degrés de l'hôpital pour visiter ses pauvres affligés; en entrant dans la première salle, il salue, chapeau bas, à droite et à gauche, avec un sourire paternel ; il donne l'exemple aux jeunes néophytes qui se pressent sur ses pas.

Il se vêt du costume usuel, et s'avance d'un pas actif vers chaque lit; il palpe, ausculte, panse, encourage, questionne avec une telle expression de douceur et de sympathie que, pour un moment, le mal dont vous étiez comme anéanti l'instant d'auparavant semble disparaître sous la pression de sa main paternelle.

C'est après avoir presque épuisé la série de ses malades qu'il arriva, avec un nombreux cortége d'élèves, au lit de la pauvre Jenny.

Enregistrons ses paroles telles quelles, leur éloquence suffit.

— Levez-vous à demi, ma chère enfant, dit le bon docteur. — Attendez, vous êtes bien faible, et il l'aida à se soulever.

— Oh ! oui, Monsieur, dit la malade d'une voix tremblante.

—Vous n'étiez pas ici, hier, chère petite?...

— Non, Monsieur, j'y suis de ce matin seulement.

— Ne tremblez pas ainsi, mon enfant..., remettez-vous...; et il lui prit le bras... Où souffrez-vous, ma chère amie?

— Là! et Jenny appuya la main sur son cœur.

— Y a-t-il longtemps que vous souffrez ainsi? dit le docteur, après avoir écouté attentivement les battements irréguliers de l'organe affecté.

— Depuis un an, Monsieur.

— Qui vous a donné des soins?

— Le médecin de notre atelier.

— Quel état exercez vous, mon enfant?

— Je travaille dans une fonderie typographique.

— Triste état pour une femme! dit-il en se retournant vers ses élèves attentifs.

— N'est-ce pas M. le docteur *** qui est le médecin attaché à votre fonderie?

— Oui, Monsieur.

— Vous demeurez faubourg Saint-Jacques, n'est-ce pas?

— Oui, Monsieur le docteur.

— Mais c'est vous que je devais aller voir aujourd'hui accompagné de votre médecin; il m'a parlé de vous. Allons, allons, chère petite, puisque vous êtes ici, nous vous guérirons..., prenez patience; reposez-vous..., pas d'inquiétudes..., comptez sur moi, ma chère amie! Et l'excellent docteur embrassa la pauvre Jenny.

— Ah! Monsieur, ayez pitié de moi! soyez mon sauveur! dit-elle, ne pouvant maîtriser son émotion. Je suis trop jeune pour mourir! j'ai deux en fants à élever! Et la pauvre femme éplorée tenait les mains du bon docteur, et les arrosait de ses larmes.

—Tranquillisez-vous, mon enfant; Dieu aidant, nous réussirons.

Le chef de la Clinique s'éloigna du lit de la malade; après une dizaine de pas il s'arrêta. Ses élèves formèrent un groupe compacte autour de lui, attendant avec une vive curiosité l'exposé des observations de l'habile professeur.

Le docteur secoua tristement la tête.

—La malade que vous venez de voir, Messieurs, a une hypertrophie bien caractérisée; mais là, selon moi, n'est pas tout le danger. Inutile de la fatiguer plus longtemps aujourd'hui; remarquez sa faiblesse extrême; aussi me suis-je abstenu de pousser plus avant mon examen; demain, je vous indiquerai d'une manière certaine le siége du mal interne qui domine et complique l'hypertrophie arrivée à son dernier période.

Plusieurs élèves revinrent près du lit de Jenny, mais le maître se hâta de donner des ordres à la directrice.

—Soins minutieux pour le n° 17, éviter tout dérangement, bouillons confortables.

Aussitôt l'ordre donné, les rideaux furent hermétiquement fermés par la femme de service; et la pauvre Jenny resta seule avec ses pensées et ses douleurs, entre quatre murs de toile blanche... Peu après, elle s'assoupit.

Au même moment on prévenait le docteur qu'une femme arrivait, à moitié brûlée; il s'enquit du fait, et il apprit qu'une malheureuse ayant voulu se suicider par le charbon, s'était d'abord enivrée d'eau-de-vie, et était tombée la figure sur le réchaud embrasé. On plaça près du lit de Jenny une masse informe, à peu près carbonisée, mais qui avait encore quelques heures à vivre. Cette femme, qui avait voulu se faire justice elle-même, nous la connaissons : c'était la brillante meunière d'Osny, à cette heure hideusement défigurée.

Georges en rentrant chez lui trouva tout le monde inquiet de ne rien savoir de ce qui s'était passé à la Clinique. Toute la nuit il songea aux moyens d'obtenir des nouvelles le lendemain au matin. Une idée se présenta à son esprit.

— C'est cela! se dit-il à lui-même; j'irai, j'entendrai, je la verrai, cette pauvre amie!

Avant huit heures du matin, Georges se trouvait dans l'une des salles de l'hôpital; par un hasard providentiel, la première personne qu'il rencontra fut un jeune étudiant qui s'était trouvé avec lui chez un ami commun. Georges lui donna une cordiale poignée de main, et en peu de mots lui expliqua le motif de sa visite matinale.

L'étudiant lui assura qu'il n'y avait rien de plus aisé que de satisfaire à son désir et lui offrit de se rendre immédiatement auprès du lit de Jenny.

Georges accepta avec une vive reconnaissance.

10

Les deux jeunes gens entrèrent au premier pavillon des femmes.

— Quel numéro? demanda l'étudiant à Georges.

Georges cherchait à comprendre l'interrogation.

— Ah! dit l'étudiant, ne pouvant retenir un sourire; c'est que peut-être ne savez-vous pas qu'en entrant ici, homme ou femme perd son individualité; tout se borne à une étiquette et un numéro, on ne dit plus Monsieur un tel ou Mademoiselle une telle, mais Numéro 20 ou Numéro 15; c'est de la mathématique d'hôpital! La salle n'est pas longue, nous pouvons examiner lentement, nous avons au moins une demi-heure avant l'arrivée du maître.

L'étudiant s'arrêta au numéro 1; il ôta son chapeau, et l'accrocha à un petit tableau peint en vert, dont le haut ressemble à une tête d'enfant, et dont la forme carrée rappelle ces poupards sans pieds, ornés d'un tablier blanc, que figure ici la pancarte suspendue au-dessus de chaque lit.

— Eh bien, mère 1, comment allons-nous ce matin?

— Pas mal, mon bon Monsieur, pas mal; il ne me manque que mon Azor, ma rue Mouffetard, et ma petite consolation du matin!

— Tout cela viendra avec le temps..., guérissez-vous d'abord.

— C'est que voilà six semaines que je suis ici! je compte les jours, mon bon Monsieur...

— Ah! dame, il faut du temps pour se remettre d'une fracture.

—Chienne de jambe!... maudits petits verres!... mon pauvre Azor se remettra-t-il de mon absence, lui!

C'était une de ces tristes épaves de la grande ville, dont l'enfance et l'âge mûr se passent à chercher sur le pavé de la rue une vie quotidienne, et qu'une vieillesse anticipée étend sur un lit d'hôpital pour être jetés à quelques jours de là sur la pierre de l'amphithéâtre!

Le numéro 2 était une femme jeune encore, à figure rosée, ayant une chevelure blonde, artistement nattée; sa personne respirait un raffinement de coquetterie : elle portait une blanche collerette sur une camisole plus blanche encore; ses mains, ornées de bijoux précieux, étaient d'une petitesse et d'un modelé parfait. Ses yeux semblaient briller d'un vif éclat. En entendant marcher près de son lit :

— Est-ce toi, Charles? dit-elle.

— Non, ma belle, répondit l'étudiant en lui touchant la main.

— Ah! c'est vous, Monsieur Robin?

— Oui..., et ces yeux?

— Ne m'en parlez pas, docteur..., toujours un nuage devant..., cela me chagrine!

— Il se dissipera..., que diable! L'éblouissante Jenny retrouvera ses dévoués adorateurs des Délassements, son piédestal! sa gloire!

— Oui! et en attendant la belle Jenny est le numéro 2 de la Clinique... Heureusement que le nu-

méro 1 me lègue Azor! n'est-ce pas, mère Crique?
dit en riant aux éclats, cette jeune femme, la même
que nous avons vue autrefois, à l'*Estaminet des
Arts,* occupée de subjuguer le beau Paul, et qui,
après maints voyages et joyeuse vie, se trouvait
affligée de cécité. — J'irai par les rues, je me ferai
apprendre les romances de mon Charles..., un
poëte charmant qui me les a dédiées... autrefois!
Ce sera bien le moins qu'il me les laisse chanter,
et je terminerai par ce refrain nasillard et de tous
les temps : « Pour une pauvre aveugle, s'il vous
plaît ! »

Cette fille riait plus fort. — Elle s'arrêta tout à
coup.

— Je ris en sans-cœur que je suis! c'est tout
de même chagrinant de ne pas voir les binettes
des autres!... En ai-je pour longtemps, Monsieur
Robin?

— Une simple opération...

Pendant ce temps, Georges parcourait la salle,
et arrivait au lit de Jenny. Il vit la pauvre femme,
étendue sur sa couche de douleur; ses yeux, remplis de larmes, étaient fixes; ses longs bandeaux
noirs, s'allongeaient en spirales sur son cou mat;
une teinte imperceptible colorait ses joues; ses
bras étendus et hors du lit reposaient le long de
son corps.

— Jenny !... dit Georges bien bas.

A ce nom une main frémissante tira un rideau;
c'était celle de l'ancienne meunière, qui à la vue

de la jeune femme tressaillit, sans pouvoir articuler une parole.

— Georges! Georges! toujours ce rêve!... mon Dieu! murmura Jenny.

— Non, chère amie, dit Georges en lui prenant ses mains glacées..., ce n'est pas un rêve..., c'est moi!

— Oh! merci..., mon ami..., d'être venu me voir.

—Comment vous êtes-vous trouvée durant cette nuit?

—Bien! je suis guérie!—Elle pressait convulsivement la main de Georges.—Mon frère va venir..., je l'ai vu partir..., ce bon Frédéric!... il vient me chercher... Je vais vous quitter, Monsieur Georges! je vous écrirai... je penserai toujours à vous!..., à vous tous qui m'aimiez... Et la pauvre agonisante retomba dans son atonie.

Un bruit de porte, et un roulement de table annoncèrent l'arrivée du docteur et les préparatifs de sa visite.

L'étudiant fit signe à Georges de se retirer du lit de la malade.

— Mon cher Georges, lui dit-il en lui prenant le bras, perdons-nous dans ce groupe; observez sans mot dire... Du sang-froid!... La science est sans réserve comme sans pitié!

L'illustre maître, suivi d'un nombreux auditoire, alla de lit en lit; de temps à autre des cris aigus,

déchirants, se faisaient entendre ; parfois des soupirs étouffés annonçaient l'allégement que cette
main habile apportait aux souffrances des patients ;
depuis les ingrédients les plus anodins jusqu'à la
pierre corrosive qui brûle et à l'instrument qui
tranche les chairs, la science médicale mettait en
œuvre toutes ses ressources, et ces chevalets de
misères, qu'on appelle lits d'hôpital, étaient le
théâtre de ces douloureuses opérations. Les malades non encore visitées se blottissaient pour la
plupart dans leurs draps afin de ne pas entendre
les tristes et navrants échos de douleurs partant
des couches voisines.

Chacune eut son lot de souffrances à subir.
Olympe seule fut épargnée par un *« rien à faire ! »*
qui était sa condamnation ! On ferma ses rideaux
et l'on entendit comme un râle de colère, mais la
goule immonde était impuissante et presque ense-
velie sous des liens solides. Le tour de Jenny arrivait.

Georges, d'une pâleur livide, se soutenait à
peine... Près de lui causait et riait un jeune homme
d'un peu moins de vingt ans, un crayon et un calepin à la main. Un tablier d'une blancheur dou-
teuse couvrait ses vêtements, ses ciseaux et ses
pinces à artères ornaient sa boutonnière plus fiè-
rement peut-être que l'insigne d'officier de la Légion d'honneur du docte et vénérable maître. Son
air railleur, au milieu de ces scènes de douleur,
faisait mal à voir ; son regard impitoyable, son

visage blême, des dents allongées et aiguës lui donnaient le *facies* d'un loup affamé...; pour chaque cri arraché à la souffrance, il trouvait un révoltant sourire!

M. Nélaton s'approcha de Jenny, et la questionna avec son urbanité habituelle.

— Eh bien, chère petite, comment allons-nous?

— Beaucoup mieux, Monsieur.

— Avez-vous eu un sommeil paisible?

— Oui..., Monsieur...

— Pouvez-vous vous soulever... Attendez, mon enfant, — il l'aida. — Bien. Vous êtes mariée?

A cette question, un tremblement nerveux s'empara de la malade.

— Soyez sans crainte, mon enfant... Vous avez été mère plusieurs fois..., il vous reste deux chérubins... Votre excellent médecin m'a tout conté...; plusieurs mauvaises couches ont laissé en vous un mal grave... Parfois vous éprouvez des élancements internes..., des frémissements très douloureux...

Un soupir étouffé fut la seule réponse de Jenny.

— Voulez-vous être guérie?

Oh! oui! Monsieur..., mes enfants! mes enfants!

— Nous allons examiner le siége de votre mal..., le voulez-vous?

A cette demande, la pudeur de la femme reprit son empire... Elle voulait se dérober à tous les regards. Des larmes brûlantes s'échappèrent avec violence de ses paupières; les investigations de la science lui causaient une double répulsion, la peur et la honte.

Nous tairons par devoir cet examen pénible.

Après avoir fait placer la pauvre Jenny sur une estrade disposée à cet effet, et avoir constaté la nature de sa maladie et le degré qu'elle avait atteint, on replaça dans son lit le corps inanimé de la malheureuse.

Pendant ce temps, l'aide à la face de loup s'était donné carrière; le crayon d'une main, le calepin de l'autre, il avait, toujours avec son odieux sourire, procédé à l'étude de son sujet, et qu'on lui pardonne son affreux jeu de mots, *croqué* sa victime.

Georges, épouvanté, sortit la tête en feu... comme un homme ivre... Sans l'étudiant, qui le suivit et l'arrêta, il allait tomber sur les degrés de pierre.

— Vous vous trouvez mal, lui dit ce brave garçon, d'un air compatissant; ah! que voulez-vous, mon ami, la science peut paraître bien cruelle; mais l'humanité l'absout, car en même temps qu'elle écarte la pitié, elle apporte avec elle le progrès et les secours efficaces..., et il y a compensation, comme dit le bon Azaïs!

Georges respira sur la place de l'Ecole-de-Médecine; il lui semblait qu'il s'était trouvé sous la pression d'un horrible cauchemar...

— Quant à votre voisine, ajouta l'étudiant, il n'y a plus d'espoir; deux jours à peine auront terminé ses souffrances... Notre maître a hoché la tête..., mauvais signe, arrêt certain!

Georges, en proie à une vive douleur, serra la main de l'étudiant et le remercia. Il se dirigea tristement vers son atelier.

L'élève en chirurgie regagna vivement l'hospice, et trouva le savant praticien expliquant avec de minutieux détails la situation de l'infortunée Jenny.

Comme notre livre ne peut avoir la prétention de suivre pas à pas un cours de physiologie chirurgicale, nous passerons sous silence les savantes démonstrations de l'habile professeur de la Clinique.

Reconnaissons cependant, avant de terminer, combien il est heureux pour le pauvre désolé de se trouver sous l'égide d'un savoir si bienveillant et si honoré à juste titre. Nous ne pouvons oublier que celui que la fortune appelle à chaque heure, ferme sa porte aux souffrances dorées lorsque le matin arrive... La Clinique réclame ses soins, la jeunesse studieuse ses enseignements; et si, trois fois par semaine, sa main expérimentée trace devant tous des sillons sanglants, sur ce champ de bataille de l'humanité il n'y a pas toujours seulement des morts et des mourants; souvent les corps sont rappelés à la santé, les cœurs endoloris se rassérènent, et on ne peut trop admirer l'apôtre fervent pour qui l'esprit de parti n'est rien, le consultant de l'immortel Garibaldi en fait foi! Honneur donc au noble chef de la Clinique, symbole de la vraie fraternité!...

Jenny, sous le poids de ses pensées, de son désespoir, devenait folle! Le sang, qui affluait depuis si
longtemps à son cœur, montait avec une impétuosité terrible vers le cerveau. La transformation de
son visage indiquait l'horrible commotion de sa
dernière épreuve!... Des paroles incohérentes, accompagnées tantôt d'un rire strident, tantôt de sanglots étouffés, portaient le trouble parmi ses voisines
qui étaient là en proie à leurs propres souffrances.
Quelques signes de compassion se firent jour pourtant chez quelques-unes d'entre elles; puis le cœur
humain, ulcéré par l'égoïsme de la douleur, reprenait son empire, et parfois des malédictions
s'élevaient auprès du lit de la pauvre torturée.
Tant il est vrai que, même dans un hôpital, et
peut-être là plus qu'ailleurs encore, le moi s'efforce
de sacrifier à ses exigences ses rivaux en malheur.

Quant aux gardes mercenaires, elles entendaient
les plaintes de la pauvre femme, et restaient sourdes
à ses prières. Chez ces gens de métier, le sentiment
de la compassion s'émousse vite, quand il ne dispa-
raît pas complétement. Leur cœur s'endurcit dans
cette atmosphère desséchante de souffrances incessamment renouvelées, qui n'ont de pendant pour ces
personnes-là que l'énervante monotonie de leur
profession.

La visite du professeur avait eu lieu vers huit
heures; trois heures après, le visage de Jenny
était méconnaissable. On pressentait sa prochaine

et triste fin. L'aumônier fut averti ; il se présenta pour apporter quelques paroles de consolation...

Une lueur de raison revint à la malade en voyant le prêtre.

— Il faut donc mourir ! dit-elle. Mon Dieu ! mon Dieu ! abrégez mes souffrances ! prenez-moi en pitié... Ah ! mes pauvres enfants !...

Une larme brûlante traça son sillon sur le visage de l'agonisante.

La cérémonie lugubre, *in extremis*, se fit en silence. La voix du prêtre seule résonnait sous la voûte élevée de cette funèbre salle.

Vers trois heures, Frédéric, le frère de Jenny, était à ce chevet visité par la mort ; sa sœur le regarda d'un œil morne et déjà glacé... Cependant, par un suprême effort, la martyre résignée souleva ses bras, et des sanglots fraternels sortirent de sa poitrine oppressée.

— Tu viens me chercher, frère ?... il est trop tard... Oh ! prends soin de mes enfants !... Je meurs en pardonnant à ceux qui m'ont fait souffrir !... Je vais être enfin heureuse... puisque je vais cesser de vivre !... Adieu ! tous... Georges ! adieu !...

Et elle expira.

Au même moment, une âme souillée de hontes et bourrelée de remords s'exhalait d'un autre corps... Jenny et Olympe allaient ensemble vers ce monde inconnu où doivent se peser les souffrances et les crimes ! puisque là, nous est-il dit, doit s'exercer la justice divine !...

A ce tableau navrant de la mort, succéda l'habitude journalière..... Vers la tombée du jour, les deux cadavres, roulés dans un drap, étaient transportés à l'amphithéâtre ; on les jeta tous deux sur la dalle humide, froid précurseur de la froide tombe, désolant couronnement d'existances qui semblent marquées du sceau d'une fatale destinée.

Le lendemain, le scalpel indiquait les traces mortelles répandues sur le cœur et le corps de la pauvre Jenny ; l'histoire médicale s'enrichissait de particularités exceptionnelles. Et, par un pâle et doux soleil de printemps, des amis attristés se réunissaient pour rendre les derniers devoirs à celle qui était si digne d'être aimée, et qui eut pour partage une vie toute d'amertume, d'angoisses et de larmes.

XXVII

Que pouvons-nous conclure de cette longue et douloureuse histoire extraite des annales de la vie ouvrière?

Nous avons vu comment une pauvre femme a souffert toutes les détresses d'un malheur immérité; comment son mari a succombé à l'ignominie, après avoir, à plusieurs reprises, tenté de revenir au bien.

La misère, le dégoût, et surtout la faiblesse morale, fruit de peines infamantes infligées à des actes qu'il regardait comme l'accomplissement de son devoir, ne sont-ils pas, en quelque sorte, une atténuation au découragement de ce malheureux?

Combien en avons-nous connus, qui, subissant l'influence funeste d'un milieu social plein de déboires et sans une porte ouverte à l'espérance, ont perdu, plus rapidement encore, leur dignité d'homme!...

C'est donc au courage et à la persévérance à relever les âmes abattues par l'adversité; c'est surtout à la jeunesse laborieuse, en qui réside l'avenir, qu'il faut s'adresser.

C'est également à la justice de la société qu'il convient d'étudier les causes du mal pour y appliquer le remède. A elle de n'avoir qu'un poids et une mesure dans la balance des droits comme des devoirs de tous les membres de la grande famille; ce qui ne nous empêche pas de croire fermement que le travailleur doit trouver en lui-même le principal instrument de sa force et de son indépendance.

Aussi ne cesserons-nous de le redire à nos frères du travail : Si 89 a été le triomphe de là bourgeoisie, c'est qu'elle a su persévérer, et que par son action persévérante elle a fini par absorber la noblesse de robe et d'épée. Rendons-lui cette justice qu'elle a vaillamment combattu.

Le prolétariat seul est resté trop longtemps à l'état d'infériorité politique, et jusqu'à ce jour, il n'a pas su, malgré des progrès incontestables, conquérir sa place au soleil.

Qu'il n'hésite pas à proclamer ses aspirations, et à marcher sans trêve, à travers vents et marées, à la conquête de l'avenir!

Depuis plusieurs années, déjà, de courageux pionniers ont jalonné la route. Nous ne pouvons mieux terminer notre livre qu'en faisant appel à tout le zèle, à toutes les énergies, à toutes les forces vives de ce corps puissant, de cette armée innombrable qui peuple les immenses laboratoires de la production et des richesses des nations.

Nous n'entendons point par là une invocation à des luttes désastreuses qui ruinent et vainqueurs et vaincus, mais à une union, à une solidarité fécondes, édifiant pacifiquement sur les bases du travail et de la justice un ordre de choses où disparaîtront ces vieux antagonismes, fléau du bonheur des peuples.

Est-ce trop, pour ne nous attacher qu'au principal épisode de notre récit, est-ce trop d'exprimer l'espoir qu'un jour viendra où, l'opinion publique s'appuyant sur les idées de progrès et d'initiative individuelle revendiquées naguère par une voix puissante, l'on verra rayée de nos codes une loi qui a pu avoir sa raison d'être sous les régimes du privilége, mais qui nous semble, à juste titre croyons-nous, en opposition avec une constitution ayant à sa base le suffrage universel?

En cela nous ne faisons que revendiquer la liberté pour tous, — et au bénéfice de tous, en matière de travail et d'industrie, l'abolition des tortures morales et physiques de la détention préventive et du banc d'infamie.

Puissions-nous voir bientôt surgir une ère de liberté, qui ne nous laissera rien à envier à d'autres peuples, qu'amis et ennemis se plaisent à placer au-dessus de notre France, de cette France qui sera quand elle le voudra, sous ce rapport comme sous tant d'autres, la première des nations, et, par cette consécration glorieuse, méritera en toute vérité d'être appelée entre toutes la *grande* nation !

FIN.

TABLE

—

BIBLIOTHÈQUE NATIONALE, fondée dans le but de ... ...
des plus modestes foyers les œuvres les plus remarquables de ...
— *Première série* : HISTOIRE DE CHARLES XII, par Voltaire (2 volum...
GRANDEUR ET DÉCADENCE DES ROMAINS, de Montesquieu (1 vol.). — LE REV...
DE RAMEAU, par Diderot (1 vol.). — VOYAGES DE GULLIVER, par Swift (1 vol...
— *Deuxième série* : VIES DES DOUZE CÉSARS, de Suétone, trad. par La Harp...
(2 vol.). — VOYAGE AUTOUR DE MA CHAMBRE, par X. de Maistre (1 vol.). —
LE DIABLE BOITEUX, par Le Sage (2 vol.). — LA SERVITUDE VOLONTAIRE, pa...
Étienne de la Boëtie (1 vol). Prix du volume : 25 centimes.

Mémoires et Procès des ouvriers typographes, 3 vol. in-4°.

LIBRAIRIE DE PAGNERRE
RUE DE SEINE, 18

A. CORBON
Le secret du peuple de Paris, 1 volume in-8°.   5 fr.

LIBRAIRIE DE MICHEL LÉVY
RUE VIVIENNE, 2 *bis*

DÉCEMBRE-ALONNIER
Typographes et gens de lettres, 1 volume in-18.   2 fr.

LIBRAIRIE DE CH. MEYRUEIS ET Cᵉ
RUE DE RIVOLI, 174

ALPHONSE LEVRAY
La Cité du Devoir. 1 volume in-12.   1 fr.

Emilia ou le legs d'une mère. 1 volume in-12.   1 fr. 50

La Veillée : La Fauvette du Marais. — Les Deux Captifs. — Pieter
Bass. — La Fileuse. — Josselin et Rose-Marine. — Les Paniers de
cerises. — Robert et Henri Estienne. — Les Fleurs de Marie-
Antoinette. Nouvelle édition. 1 volume in-12.   1 fr. 50

Paris. — Typographie de Ch. Meyrueis et Cie, rue des Grès, 11.